LETICIA AZEVEDO

CRÔNICAS DE UMA MÃE SINCERA

ABRAÇANDO A AVENTURA
DE CRIAR FILHOS E
CONSTRUIR MEMÓRIAS

Vida

Vida
Editora Vida
Rua Conde de Sarzedas, 246 — Liberdade
CEP 01512-070 — São Paulo, SP
Tel.: 0 xx 11 2618 7000
atendimento@editoravida.com.br
www.editoravida.com.br
@editora_vida /editoravida

Editora-chefe: Sarah Lucchini
Coordenação do projeto: Vitória Reis
Editora responsável: Jacqueline Mattos
Revisão gramatical: Rosalice Gualberto
Revisão de provas: Eliane Viza e Thaís P. Gomes
Assistentes editoriais: Jaqueline Angélica e Larissa da Mata
Projeto gráfico e capa: Claudia Fatel Lino
Diagramação: Marcelo Alves de Souza
Ilustrações: Luciana Leite

CRÔNICAS DE UMA MÃE SINCERA

■

Todas as citações bíblicas e de terceiros foram adaptadas segundo o Acordo Ortográfico da Língua Portuguesa, assinado em 1990, em vigor desde janeiro de 2009.

■

As opiniões expressas nesta obra refletem o ponto de vista de seus autores e não são necessariamente equivalentes às da Editora Vida ou de sua equipe editorial.

Os nomes das pessoas citadas na obra foram alterados nos casos em que poderia surgir alguma situação embaraçosa.

Todos os grifos são do autor, exceto os indicados.

1. edição: mar. 2025

Dados Internacionais de Catalogação na Publicação (CIP)
(Câmara Brasileira do Livro, SP, Brasil)

Azevedo, Leticia
Crônicas de uma mãe sincera : abraçando a aventura de criar filhos e construir memórias / Leticia Azevedo. -- 1. ed. -- São Paulo : Editora Vida, 2025.

ISBN 978-65-5584-663-8
e-ISBN 978-65-5584-664-5

1. Educação cristã 2. Filhos - Criação 3. Pais e filhos - Relacionamentos 4. Vida familiar I. Título.

25-256039 CDD-268.432

Índice para catálogo sistemático:

1. Filhos : Criação : Educação cristã : Cristianismo 268.432
Aline Graziele Benitez - Bibliotecária - CRB-1/3129

DEDICATÓRIA

Para minha mãe, uma mulher à frente de seu tempo e exemplo de resiliência diante dos desafios da vida. Sei que o seu amor por Jesus a transformou, e não foi por acaso que nós duas o encontramos juntas. A jornada se tornou mais leve por isso. Obrigada por nos criar para o mundo e por nos ensinar valores e hábitos tão raros nos dias de hoje.

Para meu pai, que foge do modelo convencional em tantas áreas, mas cuja genialidade e personalidade desafiadora me moldaram para ser uma mulher forte e determinada.

Aos meus irmãos, com quem compartilhei memórias tão divertidas — e outras nem tanto. Mesmo sem nos falarmos todos os dias, sei que podemos contar uns com os outros, sempre prontos para o que der e vier.

Ao André, meu amor, que desde o primeiro dia foi meu porto seguro, meu chão firme, meu descanso. Tudo que entreguei em suas mãos sempre foi bem cuidado e protegido. Nunca houve um sonho meu pelo qual você deixou de lutar. O seu amor por mim e por nossa família é a viva representação do que a Bíblia ensina. Eu me casaria com você novamente um milhão de vezes.

Aos meus meninos, que foram sonhados desde que eu era pequena, e cujas presenças tornaram a nossa jornada muito melhor — e mais cansativa — do que eu poderia imaginar. Nunca se esqueçam de que eu amo ser a mãe de cada um de vocês.

AGRADECIMENTOS

Minha eterna gratidão ao Pai, que me alcançou quando eu menos esperava e transformou a minha história. Sem ele, poucas dessas palavras existiriam, já que a jornada teria sido outra.

À Editora Vida, por acreditar em mim e por estar tão alinhada às minhas ideias. Obrigada, meninas, pela paciência, dedicação e por acreditarem neste projeto.

À Lu, que, mesmo distante, encantou-me com seu talento. Sua participação neste projeto é a prova de que a internet aproxima corações. Obrigada pela sua disposição, mesmo com uma agenda cheia. A capa deste livro jamais poderia ter sido feita por outra pessoa. Seu dom traduziu perfeitamente o que estava no meu coração.

Às minhas queridas amigas, que leram o esboço deste livro e compartilharam opiniões sinceras. Obrigada pelo tempo dedicado, mesmo com louça na pia, filhos doentes ou visitas em casa. Ter vocês por perto, ainda que algumas sejam só pelo WhatsApp, torna meus dias mais leves e a infância dos meus filhos muito especial.

Ao meu amor, André, mais uma vez, por estar comigo em cada passo, ouvindo cada ideia, lendo cada página, corrigindo meu português, sendo minha testemunha fiel e meu maior fã.

Às minhas Peps, maneira carinhosa pela qual chamo as meninas do Instagram. Apesar de não nos conhecermos pessoalmente aqui na Terra, tenho certeza de que seremos vizinhas no Céu. Obrigada pela comunidade que formamos, pela confiança e pelo amor que vocês têm por mim e por minha família.

SUMÁRIO

PARTE 2

EDUCAÇÃO À LUZ DA PALAVRA

PARTE 3

HOSPITALIDADE E SERVIÇO

PARTE 4

CONSTRUINDO MEMÓRIAS E UMA HERANÇA

PARTE 5

UMA INFÂNCIA SAUDÁVEL

PARTE 6

ERROS, ACERTOS E A GRAÇA DE DEUS

INTRODUÇÃO

Em meia hora, jogando baralho, lendo um livro ou dirigindo, sou capaz de mascar uma caixa inteira de chicletes, daqueles que perdem o sabor em segundos e fazem o maxilar arder de dor. Outra curiosidade a meu respeito é que, apesar de ter muita preguiça de organizar festas para meus filhos, quando me dedico a fazer um bolinho para a família, prepare-se para uma mesa com itens que combinam, distribuídos simetricamente e em tons harmoniosos.

Faço mil coisas ao mesmo tempo, o que é ótimo, apesar de também ser a razão de eu viver cheia de hematomas pelo corpo e derrubar tudo por onde passo. Já desisti de entender minha veia estabanada e me tornei motivo de diversão do meu marido, André. Graças a Deus, ele entendeu que essa minha característica é quase incurável. Também tenho o costume de escutar todos os áudios e vídeos em velocidade acelerada, mas não tente fazer o mesmo ao me ouvir. "Metralhadora" era o apelido carinhoso que meu avô usava quando se irritava por eu ter a mania de falar rápido, ardido e alto.

Não sei disfarçar meus sentimentos e as únicas vezes em que fico silenciosa ocorrem por três motivos: sono, tristeza e quando os homens da minha casa decidem falar sobre carros — enquanto estou no carro. Fora isso, se você me der espaço, tenho opinião sobre tudo. Adoro saber sobre a vida das pessoas com quem converso: onde moram, o que comem, como vivem. Além disso, eu me considero uma amiga leal, apesar de ter poucos — e ótimos — amigos, o que penso ser um sinal de maturidade.

Gastei anos da minha vida com futilidades, principalmente acompanhando as famosas Kardashians e programas de fofocas

— eu amava, mas percebi que minha curva de aprendizado estava estagnada. Comecei a correr atrás do prejuízo depois de ser mãe, com medo de não saber ensinar meus filhos sobre política, economia e álgebra — com relação a essa última, confesso: continuo perdida. Porém, já que nem só de conteúdo teórico vive uma mãe de três, programas sobre reformas são nosso maior lazer. Aliás, fazer uma obra está na nossa lista de metas norte-americanas. André executa e eu dou as ideias: dupla perfeita.

Hello, Peps! Prazer, isso tudo sou eu, Leticia, morando atualmente em Orlando, na Flórida. Comecei a escrever este livro aos 36 anos e terminei aos 40. Sou casada com André (Fifi, para os íntimos) e mãe de três meninos muito especiais. Estamos juntos há mais de quinze anos e amamos a vida a dois, não porque vivemos um conto de fadas, mas porque aprendemos os segredos de um casamento duradouro com o maior best-seller do mundo, escrito pelo melhor Autor que já pisou nesta Terra. Falando nele, será inevitável acompanhar estas linhas e se deparar com assuntos a respeito de Deus e sobre como ele se faz presente em minha vida. Fui completamente alcançada por esse Amor, e nele encontrei minha identidade, meu rumo e esperança. Sempre deixei claro que sou #irmãdaBíblia e tenho zero vergonha disso.

No decorrer deste livro, não quero, de forma alguma, parecer uma filha ingrata que constantemente coloca a culpa nos pais pelas trombadas da vida. Porém, para explicar porque somos quem somos, existem histórias que precisam ser contadas. De certa forma, elas revelam o lado imperfeito de cada família, mas também servem para mostrar como o Evangelho alcança nossa alma — mesmo nossas áreas mais quebradas e bagunçadas — com amor e profundidade.

Um dia, se meus filhos escreverem um livro, com certeza meus deslizes estarão nas páginas. Entretanto, espero de todo o coração — e tenho me esforçado para isso — que as memórias positivas superem meus tropeços. Meus pais deram o que tinham, hoje estou dando o que Deus tem me entregado e, por ser uma estrutura firme e confiável, já podemos ver bons frutos.

É claro que existe uma certa insegurança em escrever qualquer coisa que envolva filhos e casamento. Várias vezes li e ouvi pastores dizerem que só topariam escrever sobre isso quando já estivessem casados há não sei quantos anos, com filhos que dão um bom exemplo. E eu entendo. Sinto um certo "medinho" de parecer soberba, de cantar vitória antes da hora ou ainda de compartilhar sobre o assunto e depois virar motivo de chacota.

No entanto, decidi dar minha cara a tapa a esta altura do campeonato. Meus filhos tinham 6, 8 e 9 anos quando iniciei esta jornada da escrita e terminei quando o mais velho estava com 12. Morando nos Estados Unidos, tenho o privilégio de consumir conteúdos de qualidade, oferecidos por mulheres mais experientes, e me sinto ministrada por cada uma delas. No Brasil, sentia falta disso e, por esse motivo, eu me arrisquei a me expor.

Meus filhos ainda são considerados pequenos — comparados a quê, meu Deus do Céu? Eu já estou numa crise lascada porque eles estão enormes —, mas já posso me alegrar de colher pequenos frutos das sementes plantadas lá nos primeiros passos e anos de vida.

Talvez, escrever sobre essa fase não faça sentido para algumas. É possível que você, mãe de adolescentes, esteja pensando: "Espere só até seus filhos chegarem nessa idade". A verdade é que estou na porta dela e me sinto ao seu lado, observando meu filho, que sempre foi o mais dócil menino, revirar os olhos para mim, bufar e ter diferentes personalidades, dependendo da hora do dia e da quantidade de comida na barriga. Por outro lado, existe tanta confusão nos primeiros anos, tantas áreas são forjadas e janelas se fecham, que penso existir, sim, espaço para essa troca. Prometo que, se meus filhos tomarem boas decisões — escolherem a Cristo, pelo amor de Deus —, volto para dividir o que mais aprendi.

Nunca achei que amaria a maternidade como passei a amar. Entenda: eu sempre quis ser mãe e não sabia que existia a possibilidade de não ser. Deus foi generoso em me permitir ter três filhos com certa facilidade, apesar de todas as perdas que vieram depois. Mas, após tê-los, percebi quanto egoísmo habitava dentro de mim e quão pouco eu havia aprendido sobre dedicação e sacrifício — não como uma heroína atrás de aplausos, e sim como alguém que cuida de uma grande plantação, de um ser precioso que me foi emprestado. Eu não tinha essa visão antes, mesmo já sendo cristã.

É por isso que bato na tecla: penso que as igrejas brasileiras, em sua maioria, falharam ao esquecer de abordar alguns assuntos. Esse foi um deles. Recebi ótimos ensinamentos sobre casamento, e considero esse o motivo pelo qual meu marido e eu tivemos pouca dificuldade de adaptação e crises, como é comum ouvir por aí. Nossa base foi sólida e muito profunda. No entanto, senti um enorme vácuo com relação a ensinos sobre criação de filhos de acordo com uma perspectiva cristã. Só ouvia falar sobre "a vara" e sobre o livro de Provérbios, que dizia conter promessas para que os filhos não se desviassem — consideração: promessas não são o foco de Provérbios.

Leitora voraz que me tornei — o que acho chique —, tenho classificado meus livros favoritos em folhas de caderno para me lembrar de não comprar algum repetido — fato que já aconteceu mais de uma vez. Olhando essa lista, fica nítida minha paixão por casos reais, pessoas de carne e osso, histórias que revelam fraquezas, e mães que gritam e choram no cantinho. Deus abençoe essas lindezas que se dispõem a expor seu lado não tão bonito assim — mas que está presente em 99% das mulheres — sem usá-lo como justificativa para não mudarem ou se chicotearem como se fossem os piores seres do mundo. Em cada livro e coração exposto que encontrei, há um equilíbrio saudável e espero conseguir realizar o mesmo nestas páginas.

Gostaria de fazer um adendo antes que você inicie a leitura dos capítulos. Tudo que ensino aqui é baseado no cenário de uma família tradicional, que conta com a bênção de ter pai e mãe juntos, felizes e bem-casados, com uma condição de vida confortável e filhos que não têm nenhuma questão de saúde que os impossibilite de brincar e aproveitar plenamente a infância. Obviamente, isso influencia a nossa forma de viver e enxergar o mundo. Dito isso, se sua realidade é diferente da minha, não se cobre pela sua situação e tente adaptar os conteúdos conforme a possibilidade, sabendo que nosso Deus não se esqueceu de nós nem tem filhos favoritos. Lembre-se de que todas temos em comum a sensação de incapacidade ao educar nossas crianças. Chorar no chuveiro se sentindo a pior mãe do mundo não é "privilégio" só seu, eu também estou por lá.

Este livro está dividido em partes. Você pode começar por qualquer uma delas, sem medo de perder o fio da meada, porque, embora cada parte tenha sua independência, todas se conectam no final. A ideia é que cada pedaço da minha trajetória fale com você no momento em que precisar, sem pressa e sem obrigação. Seja bem-vinda à minha história. Que meus tropeços, reflexões e conquistas possam inspirar algumas páginas do livro da sua vida.

"Deus nos sussurra em nossos prazeres,
fala em nossa consciência,
mas brada em nosso sofrimento:
o sofrimento é o megafone de Deus
para despertar um mundo surdo."

— C.S. LEWIS*

* Lewis, C. S. **O problema do sofrimento**. 1. ed. São Paulo: Vida, 2008, p. 106.

PARTE 1

Pedágios da vida

Capítulo 1

UMA CONVERSA SOBRE OS PEDÁGIOS DA VIDA

Enquanto escrevo este primeiro capítulo, estamos em maio de 2021, o segundo ano da pandemia da covid-19. Com toda certeza, grande parte das pessoas que lerem este livro saberá do que se trata. Mesmo assim, quero deixar registrado, para que as gerações futuras não se esqueçam desse marco da nossa época. Aqui na Flórida, começamos a contemplar uma "normalidade": alguns locais eliminaram o uso de máscaras e pessoas podem sentir de novo a simplicidade de sorrir com o rosto descoberto. Mas, até atingirmos esse cenário otimista, vivemos o que pareceu uma eternidade.

Em 2020, a pandemia levou embora a descontração natural da vida, o abraço apertado e os beijos espontâneos, típicos de um povo caloroso. Adquirimos medo da proximidade, carregando o receio de talvez prejudicar alguém acidentalmente. Nesse período, muitos perderam a perspectiva de futuro, apavoraram-se com os números, dados e fatos. Outros enterraram vidas e, para essa dor, não houve protocolo que oferecesse uma cura.

A covid-19 nos roubou o ano escolar, a feira do livro, acampamentos e intercâmbios. Separou famílias por fronteiras fechadas, isolou idosos de crianças, que assistiram à vida passar pela janela. Encerrou casamentos, reduziu festas a pequenos encontros, adiou maternidades, graduações e viagens. Sonhos e mais sonhos se empilharam no cantinho da casa, esperando a hora em que o mundo se ajustaria. “Quando a pandemia passar...” foi a frase que mais repetimos aos pequenos que tiveram suas vidas divididas em uma era pré e pós-pandemia. Eu sinto por alguns que talvez demorem para lembrar como era viver sem o rosto coberto.

O que deveria ser uma semana virou dois anos e, nos primeiros meses, estávamos no meio de um cenário de incertezas, sem saber como e quando tudo acabaria. “Será que vai?”. A chuva passou, as folhas caíram, o inverno chegou, o sol brilhou, e o mundo seguiu de cabeça para baixo. Não havia previsões reais de uma normalidade, mas tínhamos o poder de decidir que nada do que estávamos vivendo — e ainda viveríamos — anularia nossa capacidade de continuar a sonhar. Foi com essa visão, mesmo em meio ao cenário conturbado da pandemia, que decidimos fincar os pés nos Estados Unidos.

Desde nossa lua de mel na Disney, meu marido e eu nos apaixonamos pelo estilo de vida deste cantinho dos Estados Unidos, pelo calor abafado e acolhedor semelhante ao Brasil, porém com mais segurança e com o Mickey por perto. Em qualquer viagem de férias, nossa balança sempre pendia para esses lados. A cada ano, a vontade de ficar mais tempo por aqui só crescia.

Não tínhamos ideia de como ou quando isso aconteceria, mas o desejo existia e era grande. Como sempre, Deus foi nosso parceiro em todo esse processo, primeiramente ao tratar o coração de uma Leticia que não se imaginava longe dos pais e muito menos passar a quarentena no México com sua família para dar início a esse sonho.

Já na casa dos 40 anos, vivencio muitas das coisas que eu almejava. Outras, ainda estou no processo de entender por que não aconteceram. Uma delas é nunca mais ter sido capaz de engravidar. Depois de ser curada da minha fixação por ter uma filha — algo que contarei com mais detalhes nas próximas páginas —, em 2019, enquanto ainda morávamos no Brasil, decidimos que queríamos ter o quarto bebê, independentemente de seu sexo. Logo no segundo mês, engravidei, fácil como havia sido nas últimas gestações. Estávamos grávidos e radiantes — André finalmente ganhou um excelente presente de aniversário, já que os outros... Meus presentes não foram tão adequados.

Como uma boa blogueira que passou a escrever, alguns textos já começavam a se desenhar em minha mente. Ativei minha gaveta de *looks* de gestante — sempre guardei uma mala de roupas que usei em outras gravidezes —, meus saltos foram delicadamente empurrados para o fundo do armário, dei *follow* na #MãeDeQuatro, e lojas de enxoval já estavam nos meus perfis recém-seguidos.

O aplicativo que eu usava para acompanhar a gravidez me dizia que estávamos na sétima semana, e eu permanecia na expectativa de começar a passar mal. "Será que desta vez serei poupada de todo o perrengue que minhas outras gestações me causaram?". Estava confiante, mas esperava os sintomas aparecerem. Apesar disso, tudo estava dentro dos eixos, e minha caixa de presentes só esperava para ser preenchida com um *body* e uma foto do ultrassom. Não via a hora de ver a reação dos meninos ao novo bebê.

Por falar em meninos, eles estavam desesperados por um irmão a mais. João criou um bebê virtual, Mat se deitava na minha barriga e perguntava quando Deus mandaria mais um. Quem se dedicar a me conhecer por mais de uma semana perceberá que sou péssima em guardar meus segredos e adoro compartilhar minhas aventuras e tristezas com pessoas próximas. Mas, daquela vez, eu optei pelo silêncio. Queria aguardar os exames antes de contar a novidade para as crianças. Algo me dizia para esperar. Logo eu, a maior ansiosa do planeta, estava cautelosa.

Toda mulher, quando engravida, torna-se capaz de enxergar com antecedência o nascimento de seu bebê e pode vê-lo crescer. Caso seja alguém que já conheça a estrada da maternidade, então é muito mais fácil despertar o amor que sempre existirá por cada filho, pois essa porta já foi aberta pelos outros. Mas esperei, apesar de calcular feliz as possíveis datas do parto, diferenças de idade com relação aos futuros irmãos e as mudanças de logística na família.

Havia um último exame de sangue que eu deveria realizar, mas decidi não comparecer. Já tínhamos uma consulta médica agendada e, como tudo fluía bem, não achei que precisasse. No dia do atendimento, meu marido e eu entramos no consultório com o peito estufado, muito animados por sermos os primeiros pacientes da nossa médica a terem quatro filhos. Sentia um orgulho de nós dois que não cabia dentro de mim. No entanto, o que também não cabia era a dúvida causada pela falta dos sintomas: "Será que desta vez meu corpo vai dar uma folga? Afinal, temos três outros filhos, deve ser um bônus divino por tudo que já passei nas últimas gestações".

Cumprimentamos a médica, papo vai, papo vem, atualizações sobre filhos, vida e amenidades... Enfim, iniciamos o tal exame para checar como estava o nosso bebê. Deitei-me na maca naquela posição rendida que toda mulher conhece — médicas, uma dica: pendurem quadros e decorações na visão dos nossos olhos, pois isso ajuda a distrair do constrangimento do momento — e olhei para a tela. Apesar de nunca entender o que os médicos enxergam nos borrões preto e branco, depois de três filhos, eu já estava acostumada a localizar as pequenas batidinhas.

Entretanto, a médica fez algumas movimentações, mas não vi nada. Ela mexia aquele aparelho lá dentro, de lá para cá, meio silenciosa, e me perguntou se eu tinha certeza da quantidade de semanas. Como uma boa controladora que sou, quando decido que algo acontecerá, eu acompanho na unha. Sabia a data exata de quando engravidei, e estava convicta de que já fazia mais de sete semanas. Devia existir um batimento ali; devíamos ouvir o som de vida. Mas não escutamos nada, e meu coração afundou junto àquela imagem vazia.

Minha primeira reação foi segurar na mão do meu companheiro de vida, apertar bem forte e ter a certeza de que, a partir daquele momento, entraríamos em dias difíceis, mas sairíamos deles como sempre saímos. Um pouco zonza com tudo que via, em segundos, assisti a todas as cenas que imaginei da revelação para a família, dos meninos segurando o novo bebê, do bercinho e quartinho arrumados indo por água abaixo. “Como assim? Comigo? Depois de três filhos, vou passar por isso?”. Eu já havia escutado que muitas mulheres sofrem abortos retidos, mas nunca imaginei que isso faria parte da nossa história.

Devia existir um batimento ali; devíamos ouvir o som de vida. Mas não escutamos nada, e meu coração afundou junto àquela imagem vazia.

Na tentativa de nos consolar, a médica disse que talvez pudesse ser muito cedo para ouvir os batimentos do bebê e nos pediu mais um exame para confirmar, mas minha intuição já avisava que não havia esperança. De repente, eu me vi em um barco começando uma jornada para a qual nunca comprei passagem. Saí da consulta desnorteada, como quem leva um soco durante uma luta. Na saída, a recepcionista ainda me parabenizou pelo quarto bebê, afinal ela me conhecia desde o filho número um. Não quis ser dramática nem a constranger com meu útero vazio, então abri um pequeno sorriso e fui embora.

Olhava para as ruas de São Paulo e não sentia nada. Queria achar uma explicação, como todo mundo quer, tentando entender e rastrear onde foi que errei. Na entrada do túnel, em direção ao laboratório onde faríamos o exame solicitado pela médica, meus olhos não suportaram o peso da tristeza e choraram.

Em toda minha caminhada com Cristo, os louvores sempre me visitaram nas horas mais improváveis e, daquela vez, um trecho de uma das primeiras músicas que ouvi repetidamente no começo da minha conversão me veio à mente: "Ainda que a figueira não floresça nem dê o seu fruto/ Em ti eu posso confiar/ Ainda que o milagre não aconteça/ Que dor eu tenha que sentir/ Em ti eu posso me alegrar.../ Te conheço, Senhor, não só de ouvir falar/ Mas também de contigo andar".[1]

O exame só confirmou o que eu já sabia: era a minha vez de pagar um dos pedágios da vida; era a minha vez de viver algo que nunca passou pela minha cabeça; era a chance que eu tinha de não murmurar e de não questionar a soberania do meu Pai. E foi exatamente com ele que desejei estar: no silêncio do meu quarto e no colo do mesmo Deus que já secou muitas das minhas lágrimas.

Infelizmente, entrei para as estatísticas, mas pela porta dos fundos: na maternidade vislumbrei mães felizes que se preparavam para o parto, colocavam decorações nas portas, ouviam os chorinhos novinhos, enquanto eu limpava o que meu corpo havia interrompido. Naquela hora, eu não senti pena de mim — aliás, não senti em momento algum —, mas pensava nas milhares de mães que passaram por isso algumas vezes, e no sofrimento das mulheres que nunca conseguiram segurar seus filhos no colo. Então, eu disse: "Senhor, eis-me aqui!"; porque a verdade é que, até

[1] SEIXAS, Denise; SEIXAS, Rinaldo. **Andar com Deus**. Intérprete: Denise Seixas & Bola de Neve Church. In: Louvor e Adoração, Vol. 1. [S.l.]: Onimusic, 2006. 1 CD. Faixa 12.

aquele momento, nunca entendi profundamente a dor de alguém que perdeu um bebê no começo da gravidez. Achava que era algo trivial e passageiro.

Recebemos aquela terrível notícia no dia 29 de outubro de 2019 e, no dia 30, demos entrada na maternidade para o procedimento. Lembro-me de entrar no quarto e me deparar com um bercinho de acrílico, daqueles que o hospital usa para o bebê permanecer ao lado da mãe. Logo pensei: "Alguém precisa tirar isso daqui. Não só por mim, mas pelas mães que vêm pela segunda, terceira ou quarta vez passar por essa angústia".

Apenas soube que essas mulheres e seus sofrimentos existiam porque, quando fiz o ultrassom para confirmar que não havia mais nada em meu útero, a pessoa que nos atendeu comentou que era "normal" acontecer até quatro vezes antes de uma mulher ser capaz de conceber seu primogênito — apesar de ser algo raro no caso de alguém que já tem três filhos, o que me fez sentir ainda mais esquisita por estar contra as estatísticas. Meu Deus, quanta dor por essas mulheres. Mal sabia eu que essa dor também seria um pouco minha.

Saí do hospital no mesmo dia e não quis conversar com ninguém. Desejava somente o silêncio na companhia do meu Pai. A única pessoa que procurei foi uma amiga muito próxima e querida que já havia passado por isso — e confesso que, na época em que ocorreu, não dei muita atenção. Sem jamais querer me comparar às dores tão piores de várias outras mães, hoje compreendo que dói muito, deixa marcas, coloca-nos no silêncio, e como minha amiga me disse: "Durante muito tempo, os olhos choram sem você querer".

Apesar disso, mais uma vez em minha vida pude experimentar a fidelidade do Deus que não saiu do meu lado em momento algum, que me tirou do buraco mais rápido do que eu imaginava e que foi o meu sempre presente Consolador.

Desde o começo do mês, eu havia prometido aos meninos que dia 31 de outubro iríamos à 25 de Março, uma rua famosa de São Paulo, para comprar enfeites natalinos. Essa foi a estratégia que encontrei para desviar a atenção de meus filhos das comemorações de Halloween que aconteciam na escola e substituí-las por um momento gostoso em família, no qual começaríamos a montar nossa árvore de Natal — meu feriado favorito.

Não tive escapatória. Coloquei a angústia em um compartimento de emergência, implorei para que permanecesse quieta e cumpri com o combinado. Não era justo puni-los ou derramar sobre eles uma dor muito maior do que suas cabecinhas poderiam administrar. Tempos depois, explicamos o porquê da tristeza da mamãe somente para o nosso filho mais velho, de uma forma lúdica e sutil. Com sua inocência e entendimento, ele chorou. E, mais uma vez, meus olhos também choraram sozinhos.

Como muitas que passaram por isso devem ter escutado, perder um bebê é um ponto fora da curva, um azar, uma fatalidade. Minha mãe enfrentou essa tragédia, e consigo pensar em meia dúzia de mulheres próximas a mim que foram marcadas por esse sofrimento em suas vidas. Aos poucos, retomamos a normalidade, na certeza de que o tempo ajudaria a curar todas as feridas. A tristeza ainda me visitava, mas, com três meninos e uma rotina agitada, ela se tornava cada vez mais suportável.

Durante muito tempo, os olhos choram sem você querer.

Infelizmente, passados quatro meses, revivi — com menos intensidade — essa mesma frustração ao ver uma segunda gravidez ir embora. Estava sentada no parquinho do prédio e conversava com outra mãe, enquanto observávamos nossos filhos brincarem. No papo, descobrimos várias coisas em comum. Ela me contou de suas muitas perdas gestacionais e de como foi duro conseguir conceber seus dois filhos. Como compartilhávamos da mesma fé e de uma dor parecida, senti-me à vontade e contei um pouco sobre o que passei. Parecia um prenúncio do que estaria por acontecer minutos depois. Subi para o meu apartamento e lá estava uma manchinha de sangue. Tive a alegria de ficar grávida por dois dias.

Por que de novo? Não faço a menor ideia e talvez nunca saiba. Meus olhos teimosamente choraram mais uma vez. Eu me recolhi e, ainda confusa, digerindo mais esse tombo, apenas compartilhei o que aconteceu com quem senti vontade e apenas quando estava preparada. Tentei seguir a vida. Ao procurar sobre o assunto no Sr. Google, descobri que não é tão anormal acontecer duas vezes. As estatísticas me pegaram novamente.

Estes são alguns dos pedágios que pagamos ao longo da estrada: pandemias, incertezas, perdas, sofrimento e frustrações. Alguns são extremamente custosos, mas inevitáveis. Felizmente, uma coisa é certa: é possível seguir em frente, mesmo em meio aos tropeços e passos vacilantes. Afinal, é de tombo em tombo que se aprende a levantar.

Tea

Capítulo 2

UMA CONVERSA SOBRE "MINHA FILHA", CASAMENTO E CURA

Neste capítulo, gostaria de contar uma parte da nossa história que aconteceu em meio às perdas de gestações, e confesso que me sinto relutante em compartilhá-la. Não porque desejo manter a imagem de uma cristã perfeita e de uma mulher bem-resolvida, com medo de que minhas escolhas sujarão esse retrato que talvez você tenha idealizado sobre mim — penso que isso não aconteceu, mas nunca se sabe, não é mesmo?

Pelo contrário, procuro ser muito vulnerável com minhas fraquezas e com os espinhos que carrego, já que sempre me identifico com escritoras que expõem suas deslizadas, que não têm medo de dar a cara a tapa e mostrar a sujeira que acumulam dentro de si. Sou incapaz de sentir uma "satisfação mórbida" quando alguém se desarma diante dos meus olhos. Mesmo nos tempos em que estive distante de Cristo, repleta de impurezas em meu interior, eu me desmontava quando alguém se mostrava frágil ou se desculpava por um erro. A vulnerabilidade sempre me atraiu.

Mas sei que nem todo mundo é assim, por isso tenho medo da língua venenosa que as pessoas deixam de poupar quando estão atrás de uma tela. Apesar de estar mais calejada com as redes sociais, ainda me espanto ao ler comentários tão frios e maldosos quando vasculho avaliações de livros na internet.

> Tenho medo da língua venenosa que as pessoas deixam de poupar quando estão atrás de uma tela.

É possível que eu também tenha medo do julgamento que todos nós — eu me incluo — realizamos mentalmente quando folheamos páginas de um livro que envolve a realidade e intimidade de uma pessoa que pensamos conhecer. Hoje, do outro lado da tela, entendi que as páginas não contêm toda a história, pois algumas partes não pertencem ao público. Dito isso, escolhi abrir meu coração nas próximas linhas, e lhe apresentarei um lado meu que não é nada "instagramável".

"Lara, quando você crescer, será diferente!" — essa era uma das frases mais repetidas em minha mente. Desde menina, eu gerava uma filha. Quando era pequena, enquanto praticava balé, eu a imaginava ao meu lado e pensava em como corrigiria sua postura. Antes de sairmos de casa para as apresentações de fim de ano, minha mãe se atrasava e se irritava ao tentar coordenar a saída com cinco crianças — meu pai contava como criança naqueles momentos. Lembro como ela repuxava meu cabelo na tentativa frustrada de fazer um coque arrumado, e eu pensava: "Com Lara, vou me preparar antes".

Em cada fase complicada que se apresentava na vida melodramática do meu mundo feminino, eu conversava mentalmente com ela: "Quando chegar a sua vez, irei ensiná-la a não cair nessas armadilhas bobas nem acreditar na menina que disse não mais querer ser sua amiga".

Nas brigas com minha irmã — que sempre foi muito diferente de mim —, eu mantinha firme a ideia de ter dois meninos e apenas uma filha, porque ter mais de uma menina em casa seria caótico demais. Nos dias em que minha prima me irritava, sem querer dividir suas bonecas com as quais ela nem se importava — apenas por causa do prazer maldoso e infantil que nosso DNA carrega —, mentalmente, eu preparava minha futura filha para aprender a sair de situações como aquela.

Minha menina me acompanhou intensamente na adolescência, e ali nos tornamos muito próximas. Ela era meu "um dia...", minha esperança. Em absolutamente todas as situações, eu fazia anotações mentais de conversas que teria com ela futuramente: "Vou ensiná-la a andar de salto e a não ter medo de ser chamada de 'certinha' por decidir não beijar todas as bocas. Prometo nunca permitir que você saia com uma roupa ridícula e jamais vou ignorar seu coração partido". Pensava nos programas que faríamos, tardes no shopping que nunca tive, montanhas de roupas nos provadores e risadas que daríamos juntas sentadas no quarto, vivendo a cumplicidade entre mãe e filha.

No meu caso, só tive uma boa relação com minha mãe depois de certa idade. Ela foi minha grande companheira por bons anos na adolescência. Como meu pai trabalhava aos fins de semana, e eu não era de muitos amigos, nós duas aproveitávamos os sábados para passearmos juntas. Porém, em nosso relacionamento, alguns buracos permaneceram.

Minha mãe definitivamente não tem o perfil de alguém que se interessa por shoppings e compras. Ela se mostra mais animada com as lojas de material de construção e um cafezinho. Das três mulheres da casa, com certeza, só eu recebi esse gene.

Lojas, pessoas felizes, sacolas, vitrines, mudanças no visual e na autoestima sempre me atraíram. Passaria o dia sentada em um provador da Zara, observando as mulheres desfilarem e opinando sobre seus *looks* mentalmente. Para se ter uma ideia, perdi as contas de quantos aniversários passei sozinha, andando com meu copo de suco de açaí na José Paulino — uma rua em São Paulo, repleta de comércios que vendem roupas de fábrica. Adoro!

Minha filha também me acompanhava naqueles momentos. Ela cresceu comigo. Tinha nome, cor de cabelo, carregava o grande peso de ser a reparadora das minhas frustrações e, acima de tudo, a solução para minha solidão. O que não deu certo comigo daria com ela. Tinha de dar.

Enquanto alguns desejam se formar — como minha irmã, por exemplo —, pular de paraquedas ou viajar pelo mundo, eu sempre tive o sonho de me casar. Por toda a minha vida, aguardava esse momento e participava de todas as simpatias possíveis e imagináveis para antecipá-lo. Escolhi o número 24 como a idade para subir ao altar e sonhava com três ou quatro filhos. Eu manipulava as "simpatias" para que tudo caísse exatamente como eu queria, e depois me sentava aliviada, acreditando que aquilo era um sinal divino de que meu desejo se realizaria.

Assim, cresci com a minha filha imaginária e com o sonho do casamento. Selecionei todas as melhores imagens de filmes românticos, somadas às experiências que observava ao meu redor, e arquivei tudo em minha pasta mental de expectativas para esse grande dia. Quando finalmente chegasse, tudo o que eu mais queria era ser mimada, tornar-me o centro das atenções, brilhar, ser paparicada.

Vindo de uma casa com quatro filhos, onde um sempre demandava mais atenção do que os outros, tive vantagens e aprendizados maravilhosos — razão pela qual sempre quis ter muitos filhos —, mas também havia o lado negativo de não sobrar muito para mim. O dinheiro era contado, as roupas eram repassadas, o tempo era escasso e a personalidade tinha de se ajustar e se calar quando alguém precisava mais do que eu.

Por isso — e porque, de fato, gosto de ser o centro das atenções —, para datas especiais, principalmente para a mais importante da minha vida, eu tinha minha "*wish list*" de experiências imprescindíveis. Uma delas era a cena da prova do vestido com as amigas numa tarde deliciosa, com direito a champanhe — não bebo, mas acho chique — e gotas de chocolate.

A degustação do cardápio para a festa era outro momento esperado. Imaginava aquela confraternização entre as futuras famílias, que compartilhavam suas expectativas para o grande dia: brindes, risadas, trocas de elogios — bem como as cenas dos filmes melosos da Sessão da Tarde —, um almoço de noivado com queridos amigos reunidos, comida gostosa, *looks* em tons pastéis e tecidos flutuantes; se possível, um fotógrafo para registrar o momento.

Adoraria participar da escolha do vestido da sogra. Passar uma tarde com ela, repleta de cumplicidade, conversando sobre seu filho e sobre a emoção de ganhar uma nova filha. Na minha cabeça, minha sogra seria uma extensão da minha mãe, ou seu *alter ego*. No mínimo, ela tinha de gostar de compras — precisava que alguma mulher ao meu redor gostasse de compras.

Meu pai sempre comentava que teria o maior prazer em realizar o casamento das filhas e repetia isso aos quatro ventos. Logo, na minha cabeça, eu não teria de gastar nada do meu bolso e poderia, pela primeira vez, fazer o homem mais mão fechada do mundo abrir uns dedinhos sem reclamar.

Finalmente, conheci o André — para essa novela, precisaríamos de um capítulo à parte —, que vinha de uma família majoritariamente masculina. Ele tem um único irmão e um passado que só reforçava meu preconceito com filhos homens. Apesar das estatísticas da família dele serem um sinal, eu segui confiante em que Deus teria piedade de mim e me permitiria ser a mãe da Lara.

Dissemos sim para o casamento, e finalmente eu abriria meu grande baú de expectativas, sonhos, brilhos e flores. "Chegou a minha vez, 2009 é o meu ano!". Comunicamos à família, colocamos alianças nos dedos e demos o pontapé inicial para procurar uma assessora e mergulhar de cabeça nesse mundo. Fiz um estoque de revistas de noivas, pesquisei sobre feiras de vestidos, acompanhava blogs e mais blogs. Anunciamos aos amigos, e eu desfilava com as mãos para frente, exibindo orgulhosamente meu status. Nas lojas, fazia questão de cumprimentar as pessoas com a mão direita só para sentir o prazer de ouvi-las perguntar: "Você está noiva?".

Teríamos quase 18 meses para planejar o casamento. Esticamos a data para não pesar muito no orçamento do meu pai, que, por sua vez, já começou a reclamar quando se deu conta do preço de uma festa. Ele imaginava que o planejado e prometido seria equivalente a um boi no rolete, suficiente para alimentar uma meia dúzia de amigos — não estou exagerando, meu pai é esse tipo de pessoa. Apesar disso, uma discussão aqui, uma conversa ali, e nos ajeitamos.

No entanto, o caldo começou a entornar de verdade quando minha irmã decidiu — por motivos de estudos do seu, até então, "namorido" — comunicar à família que se casaria no mesmo ano que nós, ou até antes, porque eles precisavam viajar às pressas para não perderem a vaga do mestrado. Eu vibrei de felicidade quando eles deram a notícia e não pensei que isso atrapalharia o nosso lado. Não me alongarei nesse caso, porque ocuparia todo um livro, mas a minha listinha lá de cima, aquela dos sonhos, dissolvia-se item por item.

O estresse de ajudar a pagar o casamento de duas filhas causou muitas brigas entre mim e meu pai, a ponto de, na semana do meu tão sonhado casamento, ele permanecer sem falar comigo — meu pai tem esse costume quando se desentende com alguém; herança do meu avô. Diante de tudo aquilo, eu conversava com minha futura filha e prometia a ela que nunca passaria por isso. Eu e meu pai voltamos a nos falar apenas na manhã do casamento — imagino que ele percebeu que passaria uma imagem ruim se não mudasse de atitude. Em suma, foi uma semana muito triste e nada "de princesa".

No tal almoço de noivado, minha mãe — que definitivamente tem muitos talentos artísticos, mas pouquíssima habilidade para receber pessoas — cuidou do cardápio. Seu problema é pensar que as pessoas comem pouco como ela, além de insistir veementemente que aperitivos são inúteis e estragam a hora da refeição.

Família e padrinhos de todos os lados reunidos em volta da mesa em casa, eu com os cabelos escovados — não me lembro com qual roupa, porque não havia fotógrafo para registrar aquele momento —, e chegou a hora do "cada um se serve e passa para frente". Um dos padrinhos, com uma leve falta de noção, olhou em volta, presumiu que todos já haviam se servido e decidiu virar toda a travessa de macarrão em seu prato. Sim, o que deveria alimentar cerca de três pessoas foi direto para um único convidado.

Eu me lembro de, naquele almoço, olhar incrédula para o André e para minha mãe, que continuava firme na sua teoria de que eram necessários apenas 100 gramas de massa recheada por pessoa, e não adiantava discutir com ela. Suava frio — tenho sérios problemas com transpiração, e minhas axilas denunciam meu estado emocional — e queria cavar um buraco no chão para me esconder. Não havia mais comida, e eu tenho zero jogo de cintura em meio a situações como essa. Meus únicos pensamentos eram: "É por isso que eu prefiro organizar as coisas"; e: "Eu vou matar o André, que não sabe escolher padrinho".

O tão sonhado dia de provar o vestido com as amigas e comer chocolates nunca aconteceu. Eu projetei algo irreal para uma cidade como São Paulo, numa etapa da vida em que todos estão ocupados, divididos entre faculdade e trabalho. Além disso, a verdade é que eu não tinha tantas amigas. Estava no começo da minha conversão, uma fase em que me mantive mais afastada de certos grupos para me reencontrar nesse processo de "nascer de novo".

Fui a duas lojas com minha mãe, minha irmã e com uma amiga que era bem próxima. No fim, encomendei um vestido feito do zero por uma pessoa querida que também foi ao nosso casamento. Não tive os momentos de risadas, provas de vestidos bizarros e uma tarde memorável que tanto desejava.

A degustação do buffet também foi um pouco conturbada. O local era distante, fizemos o agendamento em um dia de semana e o trânsito estava caótico. Apesar de tudo, posso dizer que as coisas correram melhor do que eu esperava. Naquela altura do ano, já havíamos superado algumas decepções, engolido meia dúzia de sapos e decidido que o foco era simplesmente estarmos casados.

Com relação à minha sogra, nunca vivi a experiência de enxergá-la como o *alter ego* da minha mãe, e reconheço que sou a culpada, pois criei expectativas egoístas e esperava que fossem atendidas. A verdade é que ela tem seu jeito único de ser, é um amor de pessoa, nunca nos atrapalhou, aguentou meus desaforos e sempre me recebeu com seus deliciosos pratos de comida e com sua trufa imbatível. Várias vezes, eu me ofereci para acompanhá-la na escolha do seu vestido para o meu casamento, mas ela preferiu a companhia de sua amiga da faculdade. Hoje, entendo que ela talvez não se sentisse confortável com meus palpites ou que nossos gostos simplesmente não combinassem.

Um único dia não fará sombra aos dias incríveis que vocês terão depois do tão esperado "sim".

Eu queria tanto que tudo acontecesse de acordo com o meu script, que tentava controlar todos à minha volta, quase como se eu fosse a diretora da peça e eles, os atores que precisavam acertar as falas. Enquanto isso, minha futura filha era minha assistente. Comentava com ela — apenas mentalmente, não pense que falava sozinha pela rua com um amigo imaginário — o que dava errado e refazia os planos para quando chegasse sua vez. Casei minha filha algumas vezes naquele ano, até pedi para o André se imaginar levando-a para o altar. Pobre homem...

Com esses relatos, não quero soar ingrata ou reclamona. Desejo apenas contar a minha trajetória e mostrar a você como a minha fixação por uma filha era algo extremamente presente em minha vida, pois projetava nela tudo o que eu não fui capaz de alcançar.

Nossa cerimônia de casamento foi ótima, mesmo com os ocorridos indesejados. Hoje, já mais experientes, olhamos para trás e pensamos que poderíamos ter cortado o estresse pela metade. Se pudéssemos voltar no tempo, agiríamos de modo diferente, falaríamos mais "nãos", colocaríamos alguns limites e optaríamos por coisas mais simples.

Honestamente, se você se identifica com algum pedaço dessas linhas, escute meu conselho: um único dia não fará sombra aos dias incríveis que vocês terão depois do tão esperado "sim". No diluir dos anos, nada disso realmente importa. Permanecem apenas as memórias contadas a você, que, assim como eu, talvez tenha a mania de fantasiar e idealizar cenários. Se, com as histórias escritas nestas páginas, eu for capaz de ajudar umas três pessoas a evitarem frustrações desnecessárias e discussões tolas, terei a certeza de que meus percalços não foram em vão.

Enfim casada, tocava minha vida tranquilamente, certa de que, em breve, conheceria o famoso rostinho que sempre projetei — no caso, uma bebê parecida comigo, baseada nas fotos dos álbuns de casa. Pensava nas mulheres que conhecia e que só tinham meninos, incluindo minha sogra, e respirava aliviada por não ser a escolhida para participar desse clube "*only boys*". Para mim, toda mulher que não tinha uma menina era uma pobre coitada, como se fosse um castigo da vida — não sei em que mundo eu vivia, mas sigo contando aqui a verdade sobre meus sentimentos mais vergonhosos.

Nove meses depois, engravidamos do primeiro filho. Fiz a sexagem assim que possível e logo soube que seria um menino. Fiquei um pouco triste, mas como era o primeiro e queríamos mais crianças, pensei: "Na próxima vez, virá. Um irmão mais velho será bom para cuidar dela". Passados outros nove meses, eu estava grávida novamente. "Agora sim! Minha menina está a caminho". Já havia salvado umas roupinhas femininas na minha pasta de ideias e pesquisado referências de chás de bebê em tons pastéis, só no aguardo do meu esperado "mundo cor-de-rosa".

Porém, na sexagem, a realidade se revelou. Era mais um menino. Meu Deus, como chorei — sinto-me envergonhada ao contar isso. Deitava-me na cama da nossa antiga casa e chorava tudo que podia. Como uma boa pessoa dramática e intensa que sou, já me via velha e sozinha, sem filhos para cuidar de mim. Afinal, na minha perspectiva, meninos abandonavam as mães, apenas se preocupavam com suas esposas, não eram cuidadosos o suficiente para levar a mãezinha para passear ao sol, não tinham paciência para compras, muito menos entendiam o que é TPM ou menopausa. Homens eram estranhos, ponto-final.

Demorei um tempo para me consolar. Na segunda gravidez, usei todas as roupinhas do mais velho. Na terceira vez, eu as doei para minha irmã — que tentava engravidar — como um ato de fé de que não precisaria mais delas. No entanto, depois do choque profundo ao descobrir que o terceiro menino estava a caminho, recolhi meu rabinho em meio às pernas, e lá fui eu buscar tudo de volta.

O processo com o João, meu terceiro filho, foi tão longo que eu mal tinha ânimo para escolher seu nome. Na minha cabeça, não cabia outro menino. Com três homens, dois deles ainda bebês — e mais um a caminho —, quase não me restava espaço ou energia para tanta testosterona. Eu só conseguia visualizar uma casa muito bagunçada, sujeiras nas paredes, cuecas e meias sujas, respingos de xixi na privada. Não enxergava nada de bom. Sei que é feio dizer isso, mas, na época, minha visão estava embaçada.

Hoje, olhando para cada um dos meus meninos — Mat, com sua bondade e temperamento calmo; Theo, com seus olhinhos marcantes, humor ácido e risada contagiante; e João, com sua pele dourada e toda a esperteza da "raspinha do tacho" — eu me pergunto como fui capaz de um dia reclamar por eles não serem quem eu tanto esperava. Cheguei a chorar muitas vezes, arrependida por ficar realmente triste com a chegada de um terceiro menino.

Coloquei uma limitação sobre quem meus filhos poderiam ser, como se o mundo se resumisse a homens e mulheres, e não a indivíduos com suas personalidades, risadas, formatos de unha, manchas de nascença, ritmos, paladares. Estava tão apegada ao sonho, às projeções, às feridas que precisavam de cura, que deixei de olhar

Coloquei uma limitação sobre quem meus filhos poderiam ser, como se o mundo se resumisse a homens e mulheres, e não a indivíduos com suas personalidades, risadas, formatos de unha, manchas de nascença, ritmos, paladares.

para a beleza de cada um daqueles “serzinhos” com os quais Deus havia me presenteado, e os encaixotei nos preconceitos que adquiri ao longo da vida.

Eu tinha muito medo de ter filhos homens, e sei que boa parte desse “pânico” foi o resultado de ser bombardeada com imagens de meninos violentos, adolescentes rebeldes, flashes de reportagens de lutas em estádios e filmes que sempre os colocavam nesse estereótipo. Além disso, tinha na memória que os piores alunos da minha escola eram meninos, sem contar meus irmãos, que contribuíram um pouco para essa formação do meu imaginário.

Lentamente, aprendi que eles não seriam como os homens retratados nos filmes. Seriam os meus meninos; meus filhos. Não havia mais como fugir dessa realidade e, aos poucos, arregacei as mangas e encarei essa missão de frente.

Capítulo 3

UMA CONVERSA SOBRE SER MÃE DE MENINOS

Uma a uma, demoli as pedras da barreira que criei a respeito dos meninos: "Aqui será diferente. Não teremos uma casa suja com a desculpa de que homens são mais desleixados. Aqui, não permitiremos aquela cena de um quarto podre, quase inabitável. Não aceitaremos desrespeito com os pais, palavrões ou zombarias. Não compraremos a chuteira ultracara do 'jogador não sei qual' para ter a aprovação dos amigos. Aqui, existirá esforço, verdade, garra e disciplina. Não haverá o rebelde da escola ou o filho desgarrado. Teremos igreja, oração e leitura bíblica. Pediremos perdão quando errarmos e assumiremos a consequência dos estragos que causarmos. Aqui, o caráter e sucesso não estarão atrelados ao número de mulheres que levarem para a cama".

Algumas pedras eram reais e foram elas que me deram uma lição. Meninos precisam de espaço, têm energia dobrada, ação correndo nas veias e, com suas escaladas, cortes e constantes perigos, causam arrepios em uma mãe. Isso não teve solução, mas, graças ao modelo de homem que tenho ao lado, aprendi a mensurar se "é assim mesmo?".

Meninos são leves, perdoam facilmente, não entendem as implicâncias femininas nem reparam nos detalhes aos quais nós nos apegamos. São físicos, práticos e resolvem os problemas no flip de uma moeda. Apesar de pertencerem a um mundo diferente, hoje, meus quatro homens são meu mundo inteirinho. No entanto, até chegar a esse desfecho, durante um bom tempo, eu ainda sentia um vazio enorme, uma derrota na alma, a sensação de que a história não havia acabado. Não era possível que ela terminasse ali e que não houvesse outra maneira de realizar o meu sonho.

Antes de tentarmos engravidar do terceiro filho, eu pesquisei, li e assisti a tudo que pude sobre "como fazer uma menina". Conheço todas as teorias, das mais esquisitas — envolvendo dietas e "dia da lua" — até as mais científicas. Participei de grupos de Facebook e me senti menos estranha quando descobri que existia um nome para o meu sentimento: "*gender disappointment*" ["decepção de gênero"].

Apesar de pertencerem a um mundo diferente, hoje, meus quatro homens são meu mundo inteirinho.

Encontrei mães com seis, sete, oito meninos, que ainda estavam na tentativa de ter uma menina, e vice-versa. Vi que não era tão maluca, entendi que meu sentimento era mais comum do que eu imaginava e absorvi tudo o que elas ensinavam. As que conseguiram o bebê dos sonhos compartilhavam no grupo o que fizeram. O assunto era tão sério, que as mulheres até utilizavam siglas que descreviam as melhores posições sexuais para engravidar de uma menina.

Aprendi tudo o que havia para aprender. Mesmo assim, Deus, em sua soberania, presenteou-me com o meu garoto sapeca.

Muitos anos após a terceira gravidez, consegui me perdoar por sentir tudo aquilo e entendi que precisava viver o processo de luto pela menina que talvez eu nunca tivesse. Foram horas e horas de muitas sessões de terapia, rios de lágrimas, questionamentos do tipo "por que não eu?", brigas com Deus e muito joelho no chão. Até que comecei a contemplar o meu copo cheio e as bênçãos que posso contar, em vez de tentar adivinhar os planos do Senhor, que são maiores que os meus.

A passos lentos — bem lentos —, eu me despedi da minha filha. A primeira etapa foi de muita negação, seguida de esperança e do início de uma aceitação de que eu não teria uma explicação do porquê não era para nós — assim como milhões de outros questionamentos da vida.

Agora, olho para a sessão feminina de lojas infantis sem o coração apertar. Não foram poucas as vezes em que chorei entre cabides rosas e vestidos de unicórnio. Aos poucos, retirei a minha filha do altar que construí e finalmente fiz as pazes com a Leticia adolescente e seu mundo de solidão.

Continuei na tentativa de ter outro filho, não importava se fosse menino ou menina. Queríamos mais um bebê, uma casa cheia, cheirinho de vida nova. Passados alguns meses após a segunda perda, seguimos com a fábrica aberta e, já a caminho da mudança para os Estados Unidos, recebemos outro resultado positivo. "Agora vai!". Mas, não foi. Pela terceira vez, meu corpo parou. Deixei-o trabalhar no seu ritmo e, já em terras norte-americanas, eu me despedi de mais uma parte de nós. Não havia explicações, mas Deus continua sendo bom; ele continua sendo Deus.

Sei que a vida não para, mas seria tão bom se pudesse dar uma pequena pausa e nos permitir digerir as pancadas. Depois de alguns meses, tivemos mais duas gestações químicas e, desde então, nunca mais obtivemos resultados positivos; nem uma sombra, nadinha. Tenho guardado no coração que não sou mais apenas mãe de três, mas de um pequeno time, com a diferença de que os outros conhecerei só daqui a um tempo. Alguns podem pensar: "Mas você já tem três filhos"; e é verdade. Eles são perfeitos, saudáveis, meus meninos de ouro. Nunca, em nenhum momento, deixei de contar minhas bênçãos, mas entendi que precisava chorar meu luto.

Ainda hoje, quando compartilho essa história com alguém, meus olhos choram sozinhos; ainda hoje, ao ver os meses passarem na vida do meu sobrinho — e quero deixar claro que fico muito feliz por isso, obviamente — penso que seria a idade do primeiro bebê que perdemos, pois minha irmã engravidou exatamente no mesmo dia que eu; ainda hoje, contemplo dias de reflexão e entrego minhas dúvidas ao Pai, que é soberano.

Podemos ver beleza em quase tudo nesta vida. Ter meus meninos e lidar com as demandas sem ajudante, faxineira ou família — além do André — foi uma boa distração. Não tive tempo ou chance de viver o silêncio ou de chorar como gostaria. A vida com meus filhos precisava continuar, e eles não podiam carregar o fardo de uma mãe irritada, revoltada ou extremamente triste. Nada disso seria justo; o mundo não tem nada de justo, e, naquelas horas, precisei me lembrar disso.

Pensar que estava envelhecendo sempre foi minha dor. Já entreguei ao Pai o sonho do quarto filho, que, anos depois, quase não me dói mais. A cicatriz permanecerá sempre em nosso coração, mas a vida segue, e cada um de nós carrega uma bagagem diferente, um "por que" não respondido, uma memória que sempre é acompanhada de lágrimas e saudade.

A vocês que estão nos 20, ainda imaturas como eu era, ou talvez com peitos cheios de leite, braços doloridos e exaustas de sono, não tomem decisões drásticas que as impeçam de ter outra chance de engravidar novamente. Sou totalmente a favor de evitar uma gravidez diante de problemas de saúde, emocionais, no casamento, questões financeiras e outros empecilhos da vida, desde que isso seja feito por meio de métodos contraceptivos que não sejam químicos ou abortivos.

Estudei as várias visões existentes sobre o assunto e gosto muito do direcionamento de Norman Geisler, que se alinha com o que tenho comentado aqui. Mesmo sabendo que existem diferenças doutrinárias, um casal cristão deve, em primeiro lugar, colocar sua fertilidade diante de Deus. Sim, somos responsáveis por cada vida que ele nos entrega, mas também existe a soberania divina, que claramente fechou minha fábrica sem mais explicações.

Se você está solteira, oro para que se case com o desejo de ter filhos e que os veja como presentes, alegria e frutos. Hoje, com os nossos já quase independentes, que precisam ser acordados depois de tanto dormirem, sentimos saudades dos filhos que não tivemos. Várias vezes, ponho a mesa e pego um prato a mais. Depois de tudo que passamos, teríamos mais dois ou três, sem hesitar. Em nosso coração, caberiam mais.

Já que Deus pode usar o sofrimento para abençoar os outros, meu marido e eu oramos por casais que amem ter filhos, que desejem os seus próprios, que abram mão de comprar coisas caras pelo som de crianças correndo pela casa. Cada um dos nossos filhos vale a pena; cada choro, cada parede manchada cada dia exaustivo. Se você é jovem, ouça a tia mais velha: não conheço pais — equilibrados — que se arrependeram dos filhos que tiveram, mas conheço os que se arrependeram dos que não tiveram.

Não se desespere se uma gravidez inesperada acontecer. Cada vida foi permitida e concebida por Deus, mesmo que não entendamos como. Ao analisar minha situação, é impossível negar a

Cada um dos nossos filhos vale a pena; cada choro, cada parede manchada, cada dia exaustivo.

soberania do Pai. Se o Senhor entregou, ele a capacitará — o que não quer dizer "vida mansa e água de coco", pois poucas conquistas vêm sem sacrifício e doação.

Um dia, já adultos, talvez com seus próprios filhos no colo, nossos meninos nos perguntarão como eram as nossas refeições, quem era o mais bagunceiro, quem chorava mais, quem já quebrou algo, quem tomou pontos, como eram na escola, quem nos fazia passar mais vexame. E, como quem abre uma caixa de memórias, lembraremos de todas elas, com sorrisos e saudades de fases que me deixaram exausta, nervosa e nos mataram de vergonha. Lá na frente, será tudo divertido e engraçado; até mesmo os maiores sustos serão apenas uma memória e mais uma página nesse longo livro da vida. Um dia, cada fase difícil se transformará em um clímax dentro de uma história.

Três bebês com refluxo, incontáveis trocas de roupas de cama na madrugada, choros que duraram literalmente doze horas, um recém-nascido rouco de alergia alimentar, a saga do leite especial e algumas otites em série são longos capítulos de uma época demandante e sofrida. Duas horas sentada na mesa, enquanto implorava para o filho almoçar, apenas se tornam cômicas quando se transformam em uma história, já que, naquela fase, a última pessoa a se divertir era eu.

O momento em que um dos meus meninos perguntou em voz alta se a moça mais cheinha tinha um bebê na barriga só é engraçado depois, porque, na época, eu quis me esconder. As incontáveis "horas de dormir", quando íamos e voltávamos do quarto para pedir silêncio aos meninos, até que atingíamos um tom histérico de "chega de bagunça!", merecem um capítulo só delas. Gastamos muito tempo nesse pedaço.

Na maternidade, acontece exatamente como em qualquer livro. Existem aquelas páginas que queremos passar logo porque não parecem tão interessantes, estão cansativas e a leitura se torna arrastada. Temos vontade de pular linhas e ansiamos por uma virada na história. O que sempre me anima quando me encontro em meio a uma dessas "páginas" é lembrar das outras pelas quais passamos, sobrevivemos e foram a chave para curtirmos os próximos capítulos. Um dia, as mamadas da madrugada desapareceram, as birras cessaram; de repente, meu filho aprendeu a comer, as repetições diminuíram, a obediência decidiu permanecer; um dia, nós piscamos, e eles simplesmente cresceram.

“Não tenho alegria maior do que ouvir que os meus filhos vivem na verdade.”

(3JOÃO 1.4)

PARTE 2

Educação à luz da Palavra

Capítulo 4

UMA CONVERSA SOBRE A BÍBLIA NA CRIAÇÃO DE FILHOS

"Toda a Escritura é inspirada por Deus e útil para o ensino, para a repreensão, para a correção e para a instrução na justiça, a fim de que o homem de Deus seja apto e plenamente preparado para toda boa obra."

(2Timóteo 3.16-17)

Tenho uma enorme dificuldade com ideias abstratas que não são aplicáveis, como aquelas pregações que se limitam ao mundo das teorias e que nunca funcionaram para mim. Em muitos cultos que já frequentei, enquanto ouvia as pessoas dizerem "Uau!" durante um sermão, meu sorriso amarelo denunciava que a mensagem me parecia um belo devaneio. Afinal, no dia a dia, quando meu filho faz birra ou briga com o irmão, conhecimentos profundos sobre pré ou pós-tribulacionismo não me ajudarão em nada.

Durante anos vivendo como mãe e cristã, eu não tinha clareza — aliás, mal sabia o que era — sobre o conceito de cosmovisão e não fazia ideia de qual deveria ser a minha. Se você também não sabe, não se assuste. “Resumidinho”: cosmovisão é o conjunto de crenças, valores e perspectivas que uma pessoa ou grupo tem sobre a vida e a realidade. Ela orienta o modo como interpretamos e reagimos aos eventos, às relações e ao propósito da existência. Basicamente, é a “lente” pela qual enxergamos o mundo, que influencia nossas decisões, comportamentos e atitudes diárias.

Mesmo que muitos não conheçam a existência desse conceito, todos nós formamos opiniões ou guiamos nossa vida pela cosmovisão que temos. A de um cristão é a que a Bíblia oferece — ufa! —, e confesso que me senti aliviada ao descobrir isso. Quão mais fácil é se apoiar nos ensinos e direcionamentos do Criador do Universo! Ele, *o dono* da festa toda!

Após adquirir esse entendimento, busquei confrontar cada ideia minha com a perspectiva bíblica. Porém, no meio do caminho, enquanto pesquisava sobre o assunto, eu me deparei com muitos conceitos deturpados. Como ainda não conhecia apologética, substituía algumas histórias bíblicas que me pareciam muito fictícias por explicações humanistas que soavam mais “palatáveis”.

Imagino que, ao ler isso, você perceba que haja dúvidas em seu coração a respeito de alguns aspectos da fé cristã. É possível também que não tenha coragem de fazer perguntas para seus líderes e pastores, porque muitos lhe disseram que a fé não se questiona ou que não combina com a ciência. Se é o seu caso, pare já aí e entre na fila do meu curso sobre apologética cristã — as informações estão disponíveis no meu perfil do Instagram (@letysmom). Prometo que mudará sua vida — e isso não é propaganda barata.

Quando iniciei essa jornada, a reforma da minha fé impactou diretamente a criação dos meus filhos e outras áreas da minha vida. Ao longo do tempo, muitas ideias feministas que eu carregava deram lugar a princípios bíblicos. Estudos sobre neurociência e comportamento do cérebro humano seguem sendo do meu interesse, mas a Bíblia prevalece como superior.

Durante essa reforma, tivemos a alegria de encontrar uma igreja que faz o básico bem feito — ou seja, pregação expositiva. Finalmente, consegui juntar a Palavra com a prática e, depois disso, confesso que ser cristã se tornou algo muito mais interessante e apaixonante para mim.

Se você é como eu, talvez tenha o costume de se perguntar como a Bíblia pode ser usada na criação de filhos. A meu ver, a melhor maneira de lembrar algum conceito é utilizando exemplos vivos, e ela está repleta deles. Demorei, mas entendi que a Palavra realmente é capaz de nos guiar nos temas mais cotidianos. Por isso, não se satisfaça com pequenas porções do banquete que está contido lá dentro.

Li uma obra — e apanhei muito — que conta sobre a língua e como nós nos enroscamos ao usá-la mal. A autora parece minha irmã, com a separação de alguns anos entre nós, o que me levou a entender que os desafios que temos sempre existiram, talvez com roupagem diferente. Penso que é por isso que a Bíblia continua sendo o livro mais vendido do mundo.

> A Palavra realmente é capaz de nos guiar nos temas mais cotidianos.

Com as histórias contadas aqui, a minha ideia é tentar, mesmo não sendo teóloga nem incrivelmente profunda sobre a Bíblia — apesar de seguir estudando e aprendendo —, explicar a você que não precisamos de mil horas, sentadas na pós-graduação da exegese, para aplicar os ensinos divinos em nossa rotina, pois a Palavra é próxima e viva.

É importante lembrar que a Bíblia deve ser lida considerando seu contexto histórico, ou seja, levando em conta o que aconteceu na época de cada lição e evento. Além disso, precisamos compreender a diferença entre instruções direcionadas a um público específico daquela época e os princípios perenes da Palavra. A orientação sobre o sacrifício de animais (cf. Levítico 1-7), por exemplo, é diferente das diretrizes sobre perdão e misericórdia (cf. Efésios 4.32; Mateus 6.14-15).

O nosso processo de ensinar a Bíblia em casa veio de muita repetição do básico: quem é Jesus, Deus, Espírito Santo, e qual é o plano de salvação. Os catecismos de Westminster, por exemplo, ajudam muito nessa jornada, e existem vários recursos acessíveis para auxiliar uma família perdida.

Memorizar versículos também é uma estratégia necessária. Aqui em nosso lar, passamos o período da pandemia seguindo uma sequência que continha textos de Provérbios, Salmos e cartas de Paulo, com ensinamentos práticos capazes de visitar a cabeça dos nossos filhos quando tiverem de fazer escolhas.

Quantas vezes nós os aconselhamos a não se sentarem na roda dos escarnecedores nem copiarem a conduta do ímpio (cf. Salmos 1)? Perdi as contas. A noção de temor a Deus e sua onipresença também foi muito enfatizada, e você verá outros exemplos de educação à luz da Bíblia nestas páginas — em especial, quando meu filho se "esqueceu" dessa verdade e se deu muito mal.

Obediência e honra; não irritar os filhos; não os tratar como seres inferiores, mas sim como imagem e semelhança de Deus; tudo isso tem a ver com a Palavra. Hoje em dia, muitos pais confundem seus papéis por conta do vácuo deixado pela igreja em relação ao ensino sobre criação de filhos, o que levou as teorias humanistas a tomarem esse lugar.

O fato de você estar aqui, lendo e tentando se aprimorar, já é um excelente sinal de que é uma mãe preocupada e que busca direção.

Nossos erros, dentro da maturidade e contexto certos, são o substrato para as lições que ensinaremos. Dificilmente uma aula teórica tem tanto impacto quanto a prática, e os deslizes e dores que enfrentamos podem se transformar em um atalho para nossos filhos, se eles forem sábios. Uma das frases que mais costumo repetir — junto a tantas outras, porque falo muito e vivo repetindo frases — é: "sabedoria é aprender com o erro dos outros".

Obviamente, não será possível impedir que meus filhos tropecem — você verá alguns exemplos disso nestas linhas —, e até acho necessário que isso aconteça para que amadureçam. No entanto, esforço-me para que eles bebam da sabedoria que existe nas histórias da Bíblia e, quem sabe, dessa forma poderão evitar certas dores da vida.

A cultura ocidental, criada com fundamentos cristãos, está deixando de valorizar o poder e sabedoria que existem na Palavra, por ser algo muito familiar e comum. Quase como se só o que é novo e atual tivesse a resposta correta. Não caia nessa mentira. É chamado de "efeito do avesso" ou "cegueira pelo óbvio" o que é tão familiar, próximo ou evidente, que não percebemos seu verdadeiro valor ou relevância. Por estar "em nossa cara" o tempo todo, tendemos a ignorá-lo ou subestimá-lo, imaginando que a resposta ou solução deva ser mais complexa ou distante. Em termos psicológicos, isso se relaciona ao viés da proximidade, onde aquilo que está muito próximo de nós parece perder importância ou credibilidade. Nesse efeito, podemos encaixar o cristianismo.

Por isso, não negligencie o tesouro precioso que hoje temos em mãos — um privilégio que muitos ao redor do mundo não têm. Ler a Bíblia é ler o que o Pai nos deixou: cartas vivas, seus valores e seu coração, acessíveis a cada um de nós. Ele é um Deus que sabe muito bem o que é ter filhos, separar brigas de irmãos, lidar com birra e revolta, hormônios, coração pecador. Sou uma apaixonada por

Sabedoria é aprender com o erro dos outros.

literatura materna, e as autoras que mais me ensinaram são as que aplicaram a Bíblia na prática e colheram seus frutos.

Oro para que a sua maternidade seja vista de uma forma justa, sem heroísmos e vitimismos. Oro para que você aproveite cada pequena fase com paciência e graça, contando com o auxílio do Espírito Santo e espremendo todo suco de sabedoria que a Palavra nos oferece. Oro para que você não seja derrotada pela preguiça ou escute a voz que diz: "A Bíblia é muito difícil de ler". Oro para que você entenda que não existe escritora superior às palavras do Criador do Universo. Não podemos desprezar o fato de que a Bíblia é o best-seller mundial, líder invicto, número um no pódio.

Ao longo das próximas páginas, você encontrará mais sobre como aplicar, na prática, o cristianismo na criação de filhos.

Capítulo 5

UMA CONVERSA SOBRE PALAVRÃO

"Nenhuma palavra torpe saia da boca de vocês, mas apenas a que for útil para edificar os outros, conforme a necessidade, para que transmita graça aos que a ouvem."

(Efésios 4.29)

Muitos me perguntam se os meninos falam palavrão, e minha resposta é: aqui não aceitamos nem que me chamem de "chata", assim posiciono a régua da exigência lá no céu. Desde muito cedo, estabelecemos uma referência bem rigorosa ao que é aceito, o que impede nossos filhos de utilizarem outras palavras mais pesadas.

A meleca do tal palavrão é que ele age como um chiclete em nossa mente, e eu estaria mentindo se dissesse que não nos escapam alguns termos inseridos entre "palavrão" e "interjeição". Aliás, dependendo do estado em que você mora, algumas palavras e expressões podem ou não ser consideradas ofensivas, e é aí que mora o problema, tratando-se de um país de tamanho continental. Por isso, o ideal é prestarmos atenção em nossa intenção e forma de falar. Muitas vezes, a criança usa palavras adequadas, mas de um modo totalmente agressivo e desrespeitoso.

Como nossa primeira língua não é o inglês, temos apanhado para entender quais expressões são aceitas, o que é visto como não educado e o que a escola proíbe — além dos palavrões comuns conhecidos universalmente por quem consome filmes de Hollywood. Infelizmente, cada um nos ensina uma posição diferente, e temos de aprender com o carro em movimento, levando umas bordoadas. Conforme nossos filhos crescem, principalmente por serem meninos, o palavrão parece se tornar algo necessário para afirmar a masculinidade, então seguimos reforçando o que a Bíblia ensina sobre o poder da língua no livro de Tiago.

O ideal é prestarmos atenção em nossa intenção e forma de falar.

Imagino que também aconteça com você: abrir a porta para algumas palavras e, quando menos percebe, está com a boca suja — como diziam nossas avós. Nunca me esqueci das vezes em que minha mãe passava sabão na minha língua e na do meu irmão, quando éramos pequenos e estávamos na casa da nossa avó, porque nossa boca estava descontrolada — logo depois, disfarçadamente desesperada, ela nos lavava. Já contei essa história para meus filhos como um lembrete.

Fato é que precisamos dar muita ênfase ao controle desse pequeno órgão do corpo, porque seu estrago pode ser grande. Os meninos ainda estão longe de terem um modo de falar que me agrade, e penso que isso é culpa do nosso jeito. Então, tem sido nossa luta pessoal trabalhar não só nas palavras que proferimos como na forma de dizê-las. Tenho me esforçado para ser doce e me alegro quando venço meu lado naturalmente intenso e barulhento. Por esse motivo, não desista de tentar alcançar o padrão que deseja. Se você vem de uma cultura mais bruta, como a minha, estamos juntas nessa luta, irmã.

Meu filho, agora na *Middle School* (equivalente ao Ensino Fundamental II no Brasil), começou a notar como é difícil não usar palavrões e argumentou que, segundo ele, é algo "necessário" para adquirir respeito. Confesso que, ao ouvi-lo, rimos internamente, porque entendemos perfeitamente o que ele quis dizer. Mesmo assim, mantivemos nosso posicionamento e explicamos que é exatamente nesse momento que começam os desafios de ser um cristão no mundo. Até aquele instante, o caminho parecia fácil, mas a pressão por pertencimento é uma grande inimiga nessa fase. Portanto, nossas conversas são cruciais para moldar neles os valores nos quais acreditamos.

Outro dia, meu filho me confessou que soltou um palavrão enquanto defendia um amigo em uma situação. Vi muito valor nessa confissão, especialmente porque veio sem que eu o pressionasse. Como temos o hábito de expor nossas lutas e vulnerabilidades, nossos filhos sabem que, aqui em casa, todos precisamos de um Salvador. Essa segurança permite que ele fale sem medo de encontrar uma mãe histérica — quando se trata desse assunto, porque, sobre outros, essa mãe definitivamente aparece! —, mas alguém que compreende sua dificuldade.

Palavrões realmente geram impacto, isso é inegável. Um dos motivos é a sonoridade: palavras curtas, enfáticas, consoantes duras e sons explosivos, que conferem um choque quase físico ao serem ditas. Isso explica a "sensação" que meu filho mencionou.

Nossas conversas são cruciais para moldar neles os valores nos quais acreditamos.

Dizer que nunca escapa um palavrão aqui em casa seria mentira e hipocrisia da minha parte. Mas isso não significa que encaramos essa postura como algo natural ou aceitável. É uma área na qual lutamos e buscamos melhorar — peço perdão se decepcionei você, bem-vinda à realidade!

Mesmo aconselhando, instruindo e estabelecendo limites para nossos filhos, já deixei claro que só podemos acompanhá-los até certo ponto. Ao longo do caminho, eles terão de desenvolver suas próprias convicções e permitir que o Espírito Santo os convença. É uma jornada pessoal, e nossa missão é guiá-los enquanto continuam a construir esta trajetória.

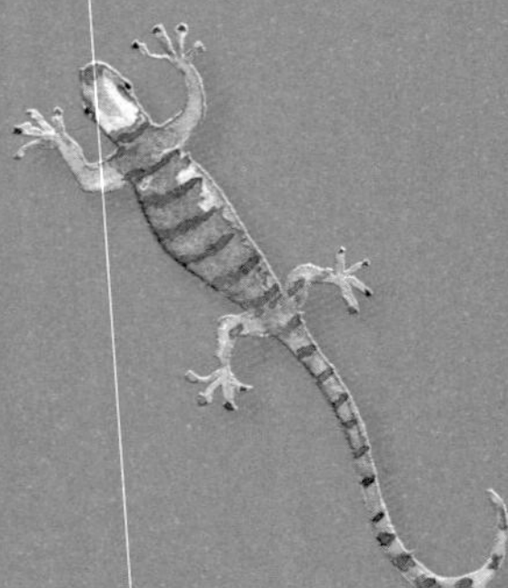

Capítulo 6

UMA CONVERSA SOBRE OBEDIÊNCIA

"Filhos, obedeçam aos seus pais no Senhor, pois isso é justo."

(EFÉSIOS 6.1)

Talvez por serem meninos, meus filhos parecem ter uma surdez seletiva. André diz que é porque falo demais, o que me causa uma certa raiva e me leva a falar ainda mais para aliviar a irritação. Mas a verdade é que eles só ouvem quando querem e só obedecem se meu tom de voz sobe algumas notas. Apesar de não gostar dessa dinâmica, já entendi que o sangue latino é o culpado e me sinto melhor quando vejo as "*hermanas*" reclamarem do mesmo problema no Instagram. Ainda assim, temos lutado por uma obediência "mais imediata", porque já desisti daquela "imediata, imediata", comentada nos muitos livros que tenho. Sigo sempre repetindo que "obedecer é proteção" — mais uma das minhas frases —, um mandamento de Deus para os filhos e algo que o agrada.

Outro dia, conversava com os meninos sobre obedecer a regras e comandos simples. Apesar de parecerem fáceis, são como pequenos testes e treinos que os preparam para as obediências mais difíceis — aquelas situações que envolvem pressão dos amigos, riscos ou a tentação de fazer algo errado.

A grande obediência começa nas pequenas coisas e, desde cedo, eu usava outra frase que me ajudava muito a exemplificar esse princípio: "Toda vez que desobedece, alguma coisa ruim acontece". Essa rima funcionava muito bem enquanto eles eram pequenos e queriam escalar a cama, mexer em objetos perigosos, enfiar o dedo na tomada ou explorar além do saudável. Era impressionante como essa "profecia" sempre se cumpria, já que os pais sabem exatamente que uma faca corta e quando uma cadeira está prestes a cair, pois somos capazes de prever o caos por pura experiência. Cada vez que acontecia, eu repetia a frase, e eles passaram a confiar que, se eu falava, podiam acreditar: o choro seria certo.

Hoje, já mais crescidos, não uso essa frase com a mesma frequência, mas eles entenderam o conceito de confiar em nós. Durante uma faixa etária, nós não explicávamos o porquê dos "nãos" e de certas proibições. A idade dos meninos não comportava os detalhes necessários, como, por exemplo, explicar por que decidimos não permitir mais que dormissem fora. Como eu diria para eles que talvez o pai daquele amigo querido poderia fazer maldades? Com 5, 6, 7 anos, não entenderiam — nem deveriam —, e o risco de meu filho falar para os outros algo que não compreendeu muito bem era grande. A sabedoria dos pais em saber a hora e o que expor é uma arte que deve ser muito bem planejada e pensada.

Conforme cresciam, revelamos os motivos por trás dos "nãos" e explicamos os detalhes que antes não cabiam. Foi curioso ver as peças do quebra-cabeça se encaixarem em suas mentes. Naquele momento, mostramos que podiam confiar em nós, mesmo nas situações em que não explicamos tudo, porque, assim como não contamos os detalhes ao longo dos 6, 7, 8 anos, também não diremos todas as razões por trás dos "nãos" aos 10, 11, 12, especialmente quando envolvem pessoas próximas.

Existem questões que, no ouvido de uma criança, causam confusão, viram fofoca e eles não têm maturidade para processá-las. Por exemplo: escândalos de família, adultério, roubos. Você pode explicar que algo aconteceu sem deixar de preservar sua inocência e, talvez, o relacionamento — se não for algo grave que coloque suas vidas em risco — dos filhos com a outra pessoa. Expor as crianças de maneira desnecessária é um erro que ocorre muito em casos de divórcio, quando pais envolvem seus filhos para punir o cônjuge pelos erros. Muitos não separam o papel de "pai" do de "ex-marido", a "mãe" da "ex-esposa", e querem queimar tudo junto em uma fogueira.

> A sabedoria dos pais em saber a hora e o que expor é uma arte que deve ser muito bem planejada e pensada.

Também temos de ter cuidado ao ensinar nossos valores sem desrespeitar os outros. Imagino que, assim como eu, seus filhos convivam com pessoas que não compartilham da cosmovisão cristã, e isso se reflete na forma como vivem. Com graça, podemos ensinar o que não concordamos, lembrando que aqueles indivíduos talvez não conheçam ou não acreditem no Evangelho, e por isso agem ou vivem de certa forma. Apontamos o erro sem destruir pessoas, o que evita criar filhos fariseus e altivos. Precisamos demonstrar graça por quem vive como vivíamos antes de entendermos o Evangelho. Dessa forma, modelamos a postura das crianças em meio à bagunça deste mundo.

Sou totalmente fã do diálogo, e esse, para mim, é um dos principais fatores de conexão e intimidade com nossos filhos. Acho uma graça quando meu pré-adolescente chega do futebol, come o jantar e logo ouço seus passos pelo tapete em direção ao meu quarto. Em seguida, vem um "Oi, Mamãe!" e lá vamos nós papear.

Insiro aqui uma pausa para compartilhar a realidade da vida de uma mãe: enquanto escrevo, João está estatelado no chão, chorando como se tivesse perdido uma guerra porque sua vara de pescar quebrou. Crianças...

Enfim, voltando ao assunto: são nessas conversas, nos detalhes, que moldamos seus corações. Desde sempre, ensinamos que a obediência caminha com a verdade. Quando as duas estão alinhadas, eles só têm a ganhar. Nossa casa permanece em paz, eles adquirem liberdade e as experiências se expandem. Só depende deles.

Se meu filho sai para pescar e não volta na hora que combinei, ele perde a minha confiança e sofrerá uma consequência. Confiança é difícil de ser construída, mas se destrói em um piscar de olhos. Já tivemos experiências de deslizes que aconteceram enquanto estavam distantes de nós, e não os poupamos de colher os "nãos" que os acompanharam.

Durante o processo de criação de filhos, nós, pais, desempenhamos um papel crucial em guiá-los através das fases de dependência, independência e, finalmente, interdependência. Inicialmente, fornecemos o suporte necessário na primeira etapa, na qual a criança depende completamente dos pais ou cuidadores para satisfazer suas necessidades físicas, emocionais e sociais. Viva os hormônios: o tempero de Deus que nos faz amar e dar a vida por aquele pequeno ser. Alimentar, trocar, ninar, consolar, sustentar: tudo cabe a nós.

Perguntei ao meu filho mais velho por que ele obedece e o que vem à sua cabeça quando pensa nisso. A resposta imediata foi: "Você sempre descobre e, se eu fizer algo errado, tenho consequências".

Provavelmente, essa seria a mesma resposta que outras crianças da sua idade dariam, e isso é perfeitamente natural. No entanto, o objetivo é que, com o tempo, eles passem a se preocupar mais com os pensamentos de Deus do que com a reação dos pais. Essa resposta, por ora, é apenas parte de um processo natural de transferência de autoridade.

Quando são pequenos, nós, pais, somos a "materialização" mais visual daquilo que eles entendem como causa e consequência. Tudo é palpável: o certo e o errado, as recompensas e as punições. Com o tempo, porém, essa percepção precisa migrar. A preocupação com "pisar na bola" ou pecar deve ser transferida para Deus, à medida que eles amadurecem e compreendem a vida de uma forma mais ampla.

Como adulta, eu já não me preocupo em fazer algo errado apenas por medo de decepcionar meus pais. Embora eu ainda não queira magoá-los, minha motivação para agir corretamente não vem disso, mas sim de conhecer aquele que me salvou, que me tirou da lama e a quem muito amo. Por causa desse amor e gratidão, não quero mais errar, não por conta dos meus pais, que atualmente moram a milhares de quilômetros de mim. Devemos transferir aos filhos esse conceito, inculcar em suas mentes o Evangelho e dar-lhes liberdade para que experimentem uma vida pessoal e personalizada com Deus.

Enquanto eles crescem, incentivamos a independência, permitimos que façam escolhas e que aprendam com suas experiências. Por mais que seja uma delícia ser solicitada e ouvir tantas vezes um "mamãe", não queremos vestir um marmanjo de 15 anos nem dar comida na boca de uma menina de 10. O natural é deixá-los crescer, e existe beleza e satisfação em acompanhar cada marco de seu desenvolvimento.

Finalmente, chegamos ao estágio da interdependência, e a relação se transforma em uma parceria, na qual pais e filhos podem se apoiar mutuamente, com respeito pelas capacidades e limites de cada um. Nessa fase, percebemos que nossos pais, nossos heróis,

Percebemos que nossos pais, nossos heróis, na verdade não tinham capa e seguravam a pose para chorar depois, atrás da nossa porta. Nossos gigantes tinham suas feridas e partes quebradas, que souberam esconder muito bem para nossa proteção .

na verdade não tinham capa e seguravam a pose para chorar depois, atrás da nossa porta. Nossos gigantes tinham suas feridas e partes quebradas, que souberam esconder muito bem para nossa proteção. Não estou nessa etapa — meus filhos ainda me acham muito inteligente e consideram seu pai o homem mais forte do mundo —, mas sabemos que ela chegará.

Espero encontrar um equilíbrio no qual os terei próximos, mas independentes. Que eles desejem estar conosco e não nos busquem apenas porque está marcado no calendário ou por convenção social, mas porque querem. Esse ciclo de desenvolvimento é parte natural do amadurecimento, e o objetivo final é criar indivíduos emocionalmente equilibrados, capazes de agirem por conta própria e, ao mesmo tempo, cientes do valor das relações e da colaboração em suas vidas.

Quando me lembro do momento em que comecei a trabalhar com eles o conceito de obediência, volto à época em que tinham por volta de 2 anos e já entendiam bem os comandos, ainda que falassem pouco. Naquele tempo, treinávamos os meninos a não saírem do quarto nem da cama sem nossa autorização. Pode parecer rigoroso demais, mas existe um contexto: mesmo com portões de segurança, morávamos em uma casa repleta de escadas que não me faziam sentir tranquilidade. Além disso, realmente prezava pelo meu sono e nunca me conformei com a ideia de crianças que acordam às quatro ou cinco da manhã. Desde bebês, eu estendia a mamadeira da manhã para mais uma soneca, o que fazia com que acordassem em um horário "mais humano" (risos).

Esse foi um hábito criado junto à obediência: não poderiam sair da cama sem o nosso "ok". A comunicação vinha pela abençoada babá eletrônica — minha melhor amiga e fiel escudeira até hoje —, usada como meio de contato com eles. Ensinamos, dia após dia, esse conceito. Durante muitos anos, até eles se tornarem independentes o suficiente para saírem do quarto sem correrem o risco de incendiarem a casa, ficavam quietinhos, mesmo quando despertavam mais cedo, e aguardavam nossa permissão. Se acordassem antes, podiam brincar em silêncio ou ler um livro.

Entendo que a cereja do bolo da obediência é quando eles fazem o certo e obedecem ao que ensinamos, mesmo quando não estamos por perto. Reafirmo que meus meninos estão em treinamento e que ainda temos deslizes próprios da infância, mas já posso contar algumas histórias para encorajá-la de que vale a pena ensinar sobre temor.

Eu me recordo de algumas situações em que adultos me procuraram para comentar que os meninos não aceitaram determinada comida quando estavam na casa deles. Ou, o dia em que um filho meu não comeu a pizza oferecida na escola, mesmo quando a senhorinha que o servia disse que sua mãe não saberia; a resposta dele me alegrou: "Deus está vendo".

Não acho que eles tenham todo o entendimento do Evangelho ainda, mas o temor aos pais ajuda a modelar o temor a Deus — e não por medo da punição, porque, se for assim, no segundo em que saírem da nossa vista, darão um jeito de fazerem o que querem. Quem aqui não se lembra de amigos que eram assim? Duas personalidades: diante da mãe, falavam até como um bebê ou uma menininha inofensiva; diante dos amigos, eram conhecidos por comportamentos nada admiráveis, e os pais seguiam achando que o filhote era um anjo. Isso é aprender a manipular — e ninguém precisa ensinar —, mas pais que são intencionais permanecem com o radar ligado desde sempre para detectar essas incoerências e corrigi-las na raiz.

Cá entre nós, penso que muitos pais preferem que seus filhos tenham uma vida dupla, e se acomodam com essa postura. Já ouvi muitos dizerem que todo jovem faz isso. Outros agem assim por preguiça, cansados do trabalho de moldar o caráter da criança.

No entanto, "todo filho erra" não é desculpa para aceitar o erro. É como repetir que todo político rouba e que, por isso, devemos escolher o que rouba menos.

O nosso modelo e padrão é Jesus. Nunca deixaremos de falhar enquanto estivermos neste mundo, mas temos um alvo e isso é um alívio, porque nada melhor do que um manual de instruções e uma referência tão incrível para nos guiar nesta Terra conturbada. Sendo assim, não espero pouco dos meninos. Apontamos para o nosso alvo, moldamos atitudes conforme a Bíblia nos ensina e reformamos a nossa mente, que vem carregada de ideias bagunçadas, consideradas "normais" por aí.

Então, desde que eram pequenos, começamos o treino da obediência. Pensava que essa postura era só minha, mas, morando fora, conheci norte-americanas que fazem o mesmo: os filhos têm um horário em que podem sair do quarto. Como elas não contam com ajuda nem escola até os 5 anos, a maioria pratica o tal "*quiet time*" ["momento de silêncio"], no qual as crianças pausam por cerca de uma hora durante o dia para brincarem ou lerem silenciosamente em algum espaço controlado. Isso garante à mãe a chance de respirar um pouco, tomar banho, ler, trabalhar ou cuidar das tarefas da casa.

Uma outra gringa treinava seus filhos desde bebês em casa, para permanecerem sentados no culto. Todos os dias eles passavam alguns minutinhos quietos em seu colo, e esse intervalo aumentava com o decorrer do tempo. Achei a ideia genial, mas confesso que meus filhos, herdeiros da minha genética hiperativa, exigiriam um trabalho dobrado que talvez eu não estivesse disposta a ter.

De qualquer modo, adoro essas ideias e espero que sirvam de inspiração para mães cansadas e culpadas. Não desistam de treinar a obediência, ela é uma estrada que parece esburacada, íngreme, custosa e desgastante, mas que leva a destinos seguros e valiosos, onde o caráter é moldado e a fé encontra raízes profundas.

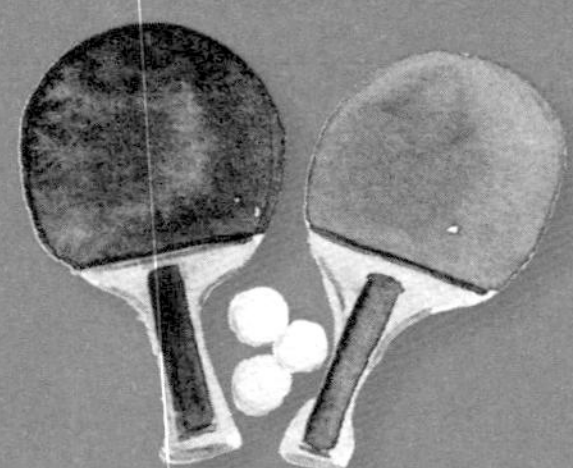

Capítulo 7

UMA CONVERSA SOBRE PAIS PERMISSIVOS

"Discipline o seu filho, e este lhe dará paz;
ele trará grande prazer à sua alma."

(PROVÉRBIOS 29.17)

"Não é possível! Não é possível que isso aconteça só conosco!". Depois de um episódio em que um menino tentou dar uma chave de braço no meu filho enquanto ninguém olhava — eu tive de intervir com uma bronca, usando todo o meu inglês e, por fim, eles se tornaram colegas (porque meninos são assim) —, tivemos um outro caso com um garoto do futebol, completamente sem limites. Ele machucava o Mateus de propósito, zombava dele por fazer *homeschooling* e por não ser da turma do videogame.

No entanto, contarei uma situação ainda mais chocante, que aconteceu recentemente: o problema da vez não era uma criança, mas uma mãe com certa atitude que eu jamais esperaria.

Meu filho do meio gostava de basquete e, de onde morávamos, eu conseguia enxergar a quadra onde ele jogava. Há algum tempo, ele vinha reclamando de um menino que, de maneira folgada, expulsava-o da quadra, chamava-o de nomes ofensivos e era extremamente grosseiro. Um dia, André permaneceu por perto para observar e ter certeza de que não era drama. Logo depois, meu filho e seus amigos me disseram que a mãe do menino também estava próxima e que decidiram contar a ela sobre os problemas que estavam sofrendo. A resposta dela? Apenas aquele ombro levantado, na linguagem universal de "não estou nem aí".

Gente, como assim? Normal?

Dias depois, por coincidência divina ou não, encontrei a tal mãe no parquinho com a filha menor. Aproveitei a oportunidade para abordá-la, já que ela parecia não entender a linguagem das crianças. Pasmem, ela teve a mesma atitude comigo: "Não fale do meu filho! Se eu não vi, não posso fazer nada! Não fale com meu filho!" — pois eu avisei que falaria com ele na próxima vez, visto que ela não tomava uma atitude. Saí bufando, enquanto ela mantinha aquela postura grosseira. Detalhe: tudo isso foi conversado em espanhol, porque a senhora não falava inglês — nervosa, eu falo até alemão!

Essa é apenas uma das muitas situações que já vivenciei e presenciei, não só comigo, mas com outras pessoas ao meu redor: pais que têm uma dificuldade enorme de enxergar os defeitos e até os desvios de caráter de seus filhos. Seguem defendendo e acreditando cegamente no seu "príncipe" ou "princesa", apesar das evidências contrárias, como se essa postura fosse sinônimo de amor e proteção. Isso não poderia estar mais distante da realidade, e é a receita perfeita para afirmar comportamentos manipuladores, egoístas e privar as crianças da compreensão de como o mundo realmente funciona.

Nós podemos olhar para nossos filhos com a maior ternura e paixão do mundo, mas a racionalidade é indispensável. Devemos manter uma certa frieza ao julgar seus atos, mesmo quando amamos profundamente a "fofurinha" que gestamos, nutrimos e embalamos. Aquela criança que, em algum momento, amava-nos mais do que tudo neste mundo, cresce e começa a manifestar frutos da própria raiz pecaminosa, assim como nós manifestamos um dia.

Agora adultos, agradecemos a Deus porque nossos pais não desistiram de nós. Eles não estavam preocupados em serem "superlegais" — os meus, pelo menos. Aliás, descobri que, na visão dos meus filhos, ser "legal" é agir contra o que a Bíblia ensina — e o bom senso também. Para eles, o pai e a mãe que permitem tudo — tudo mesmo — são "legais". É autorizar uma vida desregrada, na qual comem o que querem, na hora que desejam, sem regras, sem rumo, sem limites. E, como os adultos da história, sabemos aonde isso leva.

A Bíblia é muito clara ao dizer que Deus corrige os filhos a quem ama (cf. Provérbios 3.12; Hebreus 12.6-7), e ele é a nossa maior referência de paternidade. Corrigir, por mais duro e desgastante que seja, é a única maneira de alcançar o resultado esperado e, sem dúvida, uma expressão de amor. Afinal, só se corrige aquilo que está torto e precisa ser endireitado. Educar é uma verdadeira arte e exige suor e lágrimas dos pais, que escolhem abraçar essa rica e desafiadora missão com dedicação e fé.

Nós podemos olhar para nossos filhos com a maior ternura e paixão do mundo, mas a racionalidade é indispensável.

O maior desafio, a meu ver, é o fato de que muitos dos defeitos de nossos filhos podem refletir quem somos: eles expõem uma falta nossa, algo que negligenciamos ou até uma semelhança desconfortável com traços detestáveis da nossa personalidade. Já ouviu aquela frase: "Normalmente, o que mais nos incomoda no outro é algo que também temos em nós"? Pois é, essa verdade pode se revelar de forma muito clara no relacionamento com nossos filhos e ser um dos motivos — junto ao cansaço, desânimo e preguiça — pelos quais ignoramos certos comportamentos problemáticos.

No entanto, a correção se torna mais fácil quando pensamos a longo prazo e projetamos as consequências de não corrigirmos ou ignorarmos certos problemas. Na vida adulta, um policial não terá a mesma indulgência quando nossos "amores" infringirem uma lei; o chefe não os poupará da demissão diante de uma mentira; as meninas de quem eles gostam não se interessarão pelos seus jeitos como manipuladores. O mundo será mais duro para crianças que crescem assim, e fechar os olhos para quem elas realmente são não fará com que o comportamento desapareça.

Eu, no lugar daquela mãe, teria cavado um buraco no chão para me esconder e pedido mil perdões, já que a educação do meu filho reflete muito — não tudo — da minha presença — ou ausência — em sua criação. Mas não foi o caso, e me senti em um desses filmes em que a personagem parece quase irreal de tão caricata, apesar de ser inspirada na realidade.

Quando essas coisas acontecem, levo dias para "exorcizar" a situação e deixá-la menor. Falo sobre o ocorrido, repenso a cena, tento entender como algo pode ser tão ao avesso. André que me aguente. Reflito se os filhos dos outros não passam por isso, não relatam, não percebem ou se os pais simplesmente não dão importância.

Em um período de oito meses, aquela foi a terceira vez e, como meu marido me alertou, não seria a última. Realmente não foi, a ponto de eu decidir inaugurar o "Ministério da Treta" e me tornar sua líder. A quantidade de pequenos desconfortos e embates em que já me meti chega a ser cômica.

Você pode estar se perguntando se eu deveria deixá-los se virarem sozinhos. Sim, nós temos esse costume. Observamos e esperamos que eles lidem com a situação, mas há um limite quando ensinamos as crianças a não utilizarem xingamentos e violência — exceto em casos de defesa própria. Em certo ponto, elas se encontram sem saída, e é então que entendo que precisamos intervir.

Além disso, eles ainda não têm maturidade para gerenciar emoções nem o olhar macro de situações. Sempre preciso me lembrar e relembrar de que o mundo é novo para eles. São experiências que estão sendo vividas pela primeira vez, e o que é normal para nós é novidade aos olhos dos nossos filhos. Por isso, vejo essas situações, apesar de desgastantes, como oportunidades de apresentar a eles a realidade e modelar seus próximos passos.

Depois de tantos incidentes, meus meninos já estão mais escolados quanto ao que fazer ou não fazer, e não é raro eles me perguntarem se agiram certo ou não em determinada situação. Recentemente, durante o jantar, João apresentou um desconforto em relação a um amigo, daqueles bem típicos de criança — "se você não fizer isso, deixarei de ser seu amigo" —, e conversamos sobre as possíveis atitudes que ele poderia tomar. Outro ponto crucial é aproveitar as encrencas para deixar claro o seguinte conceito: não controlamos nem mudamos o outro; se detestou a maneira como foi tratado, garanta que nunca faça igual.

Você também pode pensar que meus filhos são encrenqueiros e que, na verdade, eu sou a mãe que não quer enxergar suas falhas, transferindo a culpa para os outros, como a colega mencionada acima. Mesmo que eu lhe prometa que não sou, e você torça o nariz "nhé... sei não", já que só me conhece através deste livro ou pelas redes sociais, eu e meu nível altíssimo de autocrítica lhe garantimos que minhas crianças podem ser classificadas como "bons meninos" — ainda em constante aprendizado mas longe, bem longe, dos *bullies* que existem por aí. Essa opinião não é só minha: sempre recebemos elogios de terceiros, e isso é um excelente termômetro para nós, pais.

Não controlamos
nem mudamos o
outro; se detestou
a maneira como foi
tratado, garanta que
nunca faça igual.

Os maldosos, cruéis, encrenqueiros sempre existirão. Conversando com uma professora que admiro pelo pulso firme, ela me relatou casos de crueldade e disse que já presenciou um nível de dissimulação em crianças pequenas digno de um livro. Seus pais não fazem ideia de quem realmente são, como nos casos daqueles que atiram em escolas ou cometem atrocidades sem dar nenhum "sinal" de mau comportamento em casa; ou daquelas que surgem grávidas, mas diziam aos pais que estavam frequentando a igreja. Isso sempre me assustou e é uma das coisas que mais "me pega".

Algumas vezes, quando descobrimos situações em que nossos filhos agem de forma completamente oposta à educação que damos, eu entro na paranoia — palavra que meu marido usa para descrever meus "momentinhos" — de que não sei nada sobre eles. Mas a verdade é que, por enquanto, considero que são mais deslizes do que uma real "vida dupla". Por mais maluquice que isso pareça, se é para escolher a neurose, que seja a de ser muito crítica, aplicando uma rédea mais curta para aquilo que consideramos inaceitável.

Minha oração e alerta é por mais pais presentes, justos e racionais ao analisarem os próprios filhos. Nosso papel é entregar à sociedade homens e mulheres que façam a diferença e que testemunhem a favor do Reino. A frase chave — mais uma — para esse tema é repetida sempre que os meninos saem de casa: "Não se esqueçam de que vocês representam Jesus e nossa família".

Capítulo 8

UMA CONVERSA SOBRE LEVEZA E DISCIPLINA

"Pais, não irritem os seus filhos; antes, criem-nos segundo a instrução e o conselho do Senhor."

(Efésios 6.4)

Os meninos estavam na cozinha quando André desceu as escadas comigo nas costas, como um saco de batatas. Enquanto eu ria sem respirar, meu marido explicava para eles como se deve tratar uma mulher. A expressão de diversão dos três valeu aqueles dois minutos de leitão na vitrine.

Nenhum de nós dois veio de uma casa com a dinâmica de leveza, risadas fora de hora e decisões por aventuras de última hora, mas decidimos que a nossa seria diferente. Há muita bronca e briga?

Sim. Não quero que você tenha a ideia errada e imagine cenas de filmes. Temos muitas discussões por aqui, porque somos dois geniosos que se amam, mas Deus me livre de perder a leveza, que, graças ao Senhor, conseguimos construir. Frequentemente, os meninos nos veem abraçados, andando de mãos dadas, trocando afetos ou tirando sarro um do outro com aquele humor ácido masculino que me faz gargalhar.

Entendemos que o padrão de excelência com o qual queremos criar os meninos exige um trabalho dobrado. Como em um treinamento de alta performance, muita correção é necessária e o desgaste é natural. Para minha tristeza — mas talvez para seu conforto em não se sentir sozinha —, não é incomum ver uma programação incrível desmoronando diante dos meus olhos.

Não foram poucas as vezes em que um almoço — que tinha tudo para ser uma delícia, num restaurante especial, com o clima perfeito, depois de um culto maravilhoso — transformou-se em reunião de alinhamento familiar, com direito a desabafo da mãe, cansada de não ver a descarga sendo usada da forma adequada, e do pai, que não enxergava melhora nas cutucadas entre irmãos. Em certos fins de semana, é exatamente o que acontece: os adultos da casa se olham e procuram no mapa do passado onde foi que erraram.

Certa vez, no Dia das Mães, eu me senti triste por não ter visto neles o cuidado de celebrar o meu papel, pois quase deixaram a data passar despercebida. Apesar de eu desejar que tudo fosse como nos filmes — mágico e sincronizado —, que meus filhos fossem naturalmente detalhistas e escolhessem a dedo uma blusa com "a cara da mamãe" — de preferência, um tecido que não fosse poliéster —, esses dias tristes e decepcionantes serviram para nossa família alinhar as expectativas de cada um. Aprendemos a estabelecer a maneira como nosso núcleo lida com as datas festivas, mesmo que a nossa criação tenha sido diferente. Sabe aquela sensação de "foi ruim, mas foi bom"?

Já tive frustrações com ideias que bolei por dias na minha cabeça criativa. Corri atrás de tons que combinassem com o clima, desenhei toda cena em câmera lenta, imaginando as lindas memórias que surgiriam, mas terminei tão decepcionada, que chorei igual a uma menina de 5 anos ao ver meus filhos brigando porque um ganhou um centímetro a menos de chocolate na caça aos ovos. Já avisei aos navegantes do meu barco: “Escolham bem as datas que estragarão, mas não ousem mexer com o Natal; ele vale bronca dobrada”.

Apesar de todos os dramas e promessas momentâneas do tipo “nunca mais farei nada disso!”, não desisto de tentar de novo, dar a volta por cima e passar para a próxima página. Esse é um dos pontos da cultura da minha família que herdei e do qual gosto muito. Apesar das diversas brigas e discussões, depois de alguns minutos, tudo voltava ao normal. Perdoávamos facilmente, e eu achava aquilo incrível — com exceção de alguns episódios do meu pai. Aqui, aplicamos o mesmo: não deixamos que o caos roube mais do que merece. Mesmo depois de boas broncas, a poeira logo abaixa para que a vida siga em frente.

Acredito que, como fui uma “menina moleca”, aprendi a lidar bem com piadinhas e ambientes que os meninos adoram. Sem perder meu lado feminino, não me ofendo facilmente e, diferentemente de aceitar desrespeito, minha casca é mais grossa do que a da maioria das mulheres à minha volta. Em casa, zombamos do meu *derrière*, que já perdeu a guerra para a gravidade, das minhas rugas aparecendo, do meu nariz operado. Minhas imperfeições não são motivo de vergonha, e levar isso na brincadeira ajuda a modelar meus filhos para o tipo de mulher que eles procurarão no futuro. Leveza é sinal de segurança. As áreas em que somos mais reativas e espinhosas revelam o que precisamos tratar e trazer à luz.

> Esses dias tristes e decepcionantes serviram para nossa família alinhar as expectativas de cada um.

Como fui uma adolescente e adulta insegura por muito tempo, até o Evangelho me alcançar, sei a diferença entre sair deste lugar e brincar com meus próprios defeitos sem que isso me coloque para baixo. Morar com homens é saber que o perfil das piadas e motivos de riso são únicos, e muitas vezes bem bobinhos para nós, mulheres. Meu humor de menino de 12 anos — descrição do André — encaixa-se bem aqui em casa. Costumo chorar de rir de situações e vídeos dos quais poucos adultos acham graça, e as crianças se divertem com isso.

Como não sou naturalmente leve, posso lhe garantir que isso é fruto do trabalho do Espírito Santo, de pregações que me confrontaram e da leitura da Bíblia — o livro de Provérbios nos ajuda a cutucar comportamentos que não estão tão afinados. Quando percebo que estou pesada e negativa demais, pode ter certeza de que coincide com uma época em que estou dedicando menos tempo à Palavra. Como diriam nossas avós: "É batata!". Além disso, uma das melhores maneiras de examinar em quantos graus está seu termômetro da leveza é perguntar para sua família, marido e pessoas de confiança.

Passei minha infância batendo nos móveis da casa, rasgando roupas que se prendiam no trinco da porta, derrubando tudo e tropeçando em todos. Lembro que chegava a chorar, com raiva de mim mesma e de não compreender por que não conseguia ser menos estabanada — e as críticas em volta não me ajudavam.

Antes de conhecer os conceitos de hiperatividade, cresci e fiz as pazes com essa característica que me causava tanta irritação e vergonha. Imagine: trabalhar em um restaurante e derrubar a bandeja de bebida no cliente. Eu tenho essa experiência no currículo durante meu intercâmbio na Austrália. Outro dia, fomos em um velório e, por pouco, não derrubei um castiçal com velas que estava ao lado do caixão. Suei frio só de imaginar a cena que meus braços longos poderiam causar.

Decidi rir das minhas pérolas e, casado comigo há tantos anos, André já se acostumou e apenas balança a cabeça. Porém, quando eu era pequena, as broncas e gritos não me ajudavam. Infelizmente, sou culpada de repetir isso com meus filhos muitas vezes.

Na primeira infância dos meninos, conheci a disciplina positiva, numa época em que minha teologia ainda não estava bem estabelecida, e me encantei com muitos dos ensinamentos. Hoje, tenho clareza de que esse tipo de educação não é bíblico, a começar pela sua base: nega o pecado original e enxerga a criança como intrinsecamente boa, mas capaz de cometer erros devido à sua falta de experiência ou compreensão. Quem tem filhos em casa e é honesto consegue perceber logo de cara que nossos amores não são apenas fofinhos, carinhosos, engraçados, mas claramente pecadores. Nunca precisarei ensinar meu filho a mentir, ser egoísta, desobedecer. Veio de fábrica.

Eu estava em uma fase de querer mudar algumas características minhas, desenvolver temperança, equilíbrio, gritar menos, e a educação positiva caiu como uma luva para confrontar minha forma de agir, muito parecida com a minha criação. Percebe como ignorei os ensinos bíblicos — desconhecidos por mim até então — que nos ensinam a tratar os filhos com paciência e não os irritar, porque estão aprendendo?

Naquele tempo, não sabia quem eram Charllote Mason, Sally Clarkson, Karen Andreola, Susan Schaeffer e outras. O que me atraiu para a disciplina positiva era a visão de tratar meus meninos com mais amorosidade e respeito, sem perder a autoridade. Desde o começo, eu discordava de alguns pontos que eram muito conflitantes com o que eu já tinha muito claro em minha mente. Entretanto, como bebia de fontes com visões humanistas, e ainda estava muito confusa sobre minha cosmovisão, inverti as prioridades.

No meu processo de autoeducação, preenchi meus questionamentos com a sabedoria humana e, onde sobrava um espacinho, entrava Deus. Quando entendi que os papéis estavam do avesso, coloquei o Senhor e a Bíblia como principal fonte de sabedoria e aceitei que, em alguns pontos, ela se choca com a lógica humana. Se permanecemos nesse lugar, com um pé em cada barco, agimos como a Palavra nos alerta: servindo a dois senhores (cf. Mateus 6.24).

Como cristãos, a nossa base tem de ser a Bíblia, e isso só será possível se consumirmos conteúdos alinhados a ela. Já que todos nós somos bombardeados por conteúdos seculares, é inevitável que eles tomem conta da nossa mente e que se tornem parte das nossas decisões. Um especialista em notas falsas não estuda todos os tipos de falsificações que existem, mas se aprimora em reconhecer a verdadeira, para que, quando uma falsa aparecer, não importa o que esteja diferente, se é a cor, textura ou tamanho, ele saberá rejeitá-la. Assim devemos agir ao consumirmos os conteúdos de fora, sem necessidade de nos isolarmos em uma ilha onde criaremos nossos filhos — levante a mão quem tem essa vontade às vezes!

Para ajudá-la a entender, fiz um paralelo com uma corrida. A educação bíblica é como uma maratona, que tem como foco criar filhos para a glória de Deus, transformados conforme os pecados são confrontados e os princípios da Palavra, aplicados. Dentro desse objetivo, estão os frutos, como obediência, respeito ao próximo, preocupar-se com o sofrimento alheio, tratar bem os pais. Tudo isso está incluído e será consequência da educação bíblica.

A disciplina positiva, por outro lado, é como correr uma corrida de 5 quilômetros e se dar por satisfeito. O que ela promete de resultados está anexado na educação bíblica, mas a motivação e o propósito não são os mesmos. Ou seja, a Palavra entrega tudo que os pais cristãos procuram, sem deixar de lado conceitos tão sérios como o pecado. A disciplina positiva ensina que não devemos focar no castigo de uma criança, e sim ensiná-la a compreender o impacto de suas ações. No entanto, isso não é bíblico. Enfrentar as consequências de

Como cristãos, a nossa base tem de ser a Bíblia, e isso só será possível se consumirmos conteúdos alinhados a ela.

nossas atitudes é o que nos torna conscientes da gravidade do pecado cometido, e é por isso que a punição é tão importante.

Nossos pecados foram pagos pelo preço de Cristo na cruz, o que não pode ser visto como bobagem. Isso não quer dizer que faremos um "terrorismo gospel" e surtaremos com cada mentira do filho. Em vez disso, devemos direcioná-lo, apontar que determinada atitude, acima de tudo, ofende a Deus, que precisamos nos arrepender, pedir perdão e tentar restaurar o mal que causamos. Agir como aquela mãe que relatei no capítulo anterior, ou como tantas com quem temos convivido, está longe de ser bíblico.

A disciplina positiva é uma teoria da educação pautada nas psicologias modernas, materialistas, e desconsidera questões espirituais. De acordo com ela, seguir uma religião e um "deus" é visto como bom, mas somente porque faz bem às pessoas e ao cérebro, e não porque Deus é quem ele é. O Criador do Universo é secundário a uma criação humana, e a educação tem como finalidade manter apenas uma relação horizontal (entre homens), e não vertical (entre Deus e o homem). Aqui, já temos de ligar nossos radares e perceber que a primícia, a raiz, já foge do conceito básico do cristianismo.

Além de tudo isso que apontei, de acordo com a disciplina positiva, a questão do certo e errado é relativa ao ambiente, e isso é um perigo que nenhum cristão deve ignorar. A verdade é o que Deus disse, o certo é o que ele determinou, e abandonar esse princípio é construir nosso castelo em uma fundação de areia — como disse minha querida amiga que já nos deixou, Ariele. Na disciplina positiva, o socialmente aceitável é o que rege, e não a Palavra de Deus.

No papo incrível com Ariele — se você quiser conferir, fizemos uma live que está disponível no meu perfil do Instagram —, minha amiga trouxe o paralelo de como tratamos nossos vizinhos e amigos, ou como somos cuidadosos ao lidar com um estranho na rua quando ele faz o que não gostamos. Não saímos gritando e agredindo as pessoas que nos desagradam, então por que fazemos isso com os filhos? Quantas vezes exigimos obediência da criança de 5 anos, sentados no sofá com o celular na mão, sem ajudar ou instruir, e nos irritamos se ela não obedece? Essa pancada serve para mim também.

Cristo nos chamou para servir e, como mães, é o que fazemos ao ajudar nossos filhos que estão aprendendo a andar por esta Terra. Sei que podemos ir para os extremos do pêndulo: fazemos tudo por eles — o que também não é bíblico —, ou não fazemos nada e construímos uma espécie de quartel em casa. Por isso, precisamos de conhecimento para lidar com situações específicas, ler o ambiente, entender o contexto, e isso nenhum autor ou curso pode nos dar. No entanto, a Bíblia nos promete sabedoria quando nos alimentamos dela.

Na disciplina positiva, o socialmente aceitável é o que rege, e não a Palavra de Deus.

Fui fisgada por ideias humanistas na tentativa de mudar minha forma de tratar meus filhos, pois gostaria de ser mais mansa e amorosa. Porém, ao procurar por uma instrução que tratasse minha personalidade e impulsividade, fui empurrada de volta à Bíblia. Hoje, ainda tenho meus deslizes e, como comentei, meus meninos têm uma surdez seletiva que me leva a subir tons, mas estou longe de ser a mãe que era. No passado, eles tinham medo de me mostrar algo que haviam quebrado ou derrubado. Agora, quando escuto algum deles me dizer "mamãe, vem aqui...", sei que querem contar alguma bobagem que fizeram e me pedir ajuda para resolver. Esse é um grande ganho em comparação com aquela mãe explosiva que eu costumava ser.

Estou bonita na foto? Não. Lembro-me com dor no coração das vezes em que descontei a raiva do arroz queimado no leite que meu filho derramou sem querer. Mas, graças a Deus, posso e peço perdão aos meninos, mostrando que mamãe também precisa de um Salvador. Não só eu, como André, que também cresceu em um ambiente mais agressivo, entendeu o poder de pedirmos perdão por causa de nossas falhas, o que é um presente aos meninos.

Isso não quer dizer que nos tornamos moles e perdemos nossa autoridade, ou que ficamos com medo dos filhos, reféns de os agradarmos. Eles entendem, apenas pelo meu olhar, quando algo é para ser feito ou não — e sou especialista na técnica de falar entre os dentes. Equilibrar autoridade com amor é uma arte, e muito do meu joelho no chão envolve suplicar por essa sabedoria divina. Se eu fosse definida e lembrada somente como uma figura autoritária e fria, algo estaria errado. Todo o resto nos mostra que, entre tombos e risadas, estamos trilhando o caminho para o Céu.

A leveza também é resultado de um coração disposto a ouvir o Pai. Dar risada em meio às brigas desnecessárias; respirar fundo quando o filho decidiu teimosamente pegar o pote de melancia e o espatifou no chão; quando o vidro de molho de tomate foi mal fechado por preguiça e sujou a geladeira toda; agradecer a Deus porque foi "só aquilo". É tudo uma arte em desenvolvimento. Nos dias em que consigo ter oito horas de sono, sou melhor nesse papel, mas sigo para o alvo, sujeitando-me e matando minha carne histérica e irritadinha.

A leveza vai muito bem acompanhada da espontaneidade, nas decisões de última hora, no sorvete antes do jantar, no passeio fora

Equilibrar autoridade com amor é uma arte, e muito do meu joelho no chão envolve suplicar por essa sabedoria divina.

da data combinada, no dormir no sofá todos juntos. A leveza é ingrediente das memórias, e a falta dela também. Talvez você esteja no modo automático, como estive durante tanto tempo da minha vida. Mas palavras como essas, vindas de livros, vídeos e observação, alertaram-me de que talvez estivesse deixando de fazer o que sentia tanta falta em minha infância.

"Nada nos torna mais gratos do que a perspectiva."

— KRISTEN WELCH*

* WELCH, Kristen. **Raising Grateful Kids in an Entitled World**: How One Family Learned That Saying No Can Lead to Life's Biggest Yes. Illinois: Tyndale Momentum, 2016, p. 157.

PARTE 3

Hospitalidade e serviço

Horta

Capítulo 9

UMA CONVERSA SOBRE RETOMAR O AMOR PELO LAR

Analisando as leituras clássicas, vemos que o mundo do século 19, sem grandes entretenimentos externos, tinha como centro de tudo o lar: as salas com suas cortinas xadrezes; as tias que amassavam pão e passavam café na cozinha enquanto conversavam; crianças correndo pela casa; o cachorro ao pé da porta.

Atualmente, vejo que perdemos essa conexão com o lar, que se transformou em um simples lugar de passagem, um vestiário ou hotel. Saímos cedo e voltamos à noite, sem tempo para contemplar e aproveitar esse espaço. Os bares roubam os maridos, que poderiam estar em casa sentados à mesa com suas famílias. Os muitos esportes, o trânsito e as mil festinhas de aniversário tornam nosso lar vazio e não atrativo. Os dias de tédio, quase raros numa época de calendários lotados, são considerados inúteis; reparo isso em meus filhos, que reclamam quando não têm "nada para fazer". Entretanto, ler um livro no sofá, jogar cartas ou xadrez, sentar-se ao redor do fogo nos dias frios sem pressa de se levantar não podem ser consideradas atividades infrutíferas.

Sou naturalmente agitada e afetada pelo FOMO[1], que varreu nossa geração inteira, mas tenho tentado amenizar a situação. Aprendi a querer e amar estar em casa, encarando os dias mais lentos como um presente. Claro, tenho meu limite de marasmo. Quando viajamos de trailer e estacionamos em parques estaduais sem internet, cercados por muita natureza, passo por um período em que amo o silêncio e pratico o "nadismo". Mas logo as "formigas" internas começam a me picar, e preciso de atividade, ver outras pessoas, correr para uma cidadezinha nas redondezas, nem que seja para tomar um sorvete — já notei que a vida de aposentada americana que vive de camping em camping não me cabe.

Ler um livro no sofá, jogar cartas ou xadrez, sentar-se ao redor do fogo nos dias frios sem pressa de se levantar não podem ser consideradas atividades infrutíferas.

Quando falamos sobre o amor pelo lar, penso que ele transparece na forma como nós, pais, enxergamos nossa casa — e deixo claro que, nem com toda a decoração inspirada nas revistas mais atualizadas, somos capazes de comprar esse sentimento. Uma amiga querida da escola vivia com seus irmãos e pais em um apartamento tão pequeno que, para se sentarem à mesa, precisavam empurrar o sofá. Ainda assim, era uma casa tão acolhedora, que todas nós amávamos ser convidadas para dormir ou passar uma tarde lá.

1 "Fear of missing out". Em português, "medo de ficar de fora".

As paredes transpiravam amor, e aquela família tinha um humor único e uma maneira leve de encarar a vida, que definitivamente não estava relacionada à sua conta bancária. Nas madrugadas, depois que voltávamos das festinhas, a mãe dela carinhosamente se levantava com os cabelos enrolados em uma bandana, puxava um banquinho na cozinha, também apertada, e nos oferecia um lanche enquanto a atualizávamos sobre as peripécias adolescentes. Ah, que momentos ricos! Até hoje, essa minha amiga e sua família seguem unidos, mas morando do outro lado do mundo.

Eu não me recordo nem da cor da parede da casa dela, se o sofá era da loja popular ou assinado. Só me lembro de ter sempre um gostinho de "quero mais" quando chegava o momento de ir embora e de me sentir privilegiada por aquelas horas tão preciosas. Meu tanque emocional ficava cheio.

Se você ainda não tem o orçamento para comprar os móveis que deseja, tenha o coração disposto, a mente focada, as canecas separadas para um chá, o sorriso pronto e as portas abertas. Dessa forma, não só restauramos em nossos filhos o amor pelo lar, como ensinamos isso aos outros, especialmente à próxima geração, que não sabe que conexão é olho no olho, em vez de olho no celular. Nossa casa pode ser um espaço de acolhimento para aqueles que não são ouvidos, o lanche da tarde da criança que ficou sozinha, a cereja no bolo na memória de outras infâncias.

Tenho uma vizinha russa — acho eu — que tem apenas um filho, de uns 14 anos. Como ambos os pais trabalham fora o dia todo, esse menino permanece sozinho até que voltem. Graças ao coração e às portas abertas de outra vizinha, ele passa as tardes com o filho dela e, quando caiu de patinete, ficou doente ou teve uma emergência, ela estava lá para acolhê-lo. Além disso, diz, com todo o amor do mundo, que o considera como um outro filho, e esse menino nunca se esquecerá disso.

Numa realidade como a do Brasil, onde muitos passam o dia fora por necessidade, e não por escolha, talvez você que tem a chance de estar em casa possa exercer hospitalidade e expressar o amor de Cristo. Eu nunca fui hospitaleira por natureza, mas, graças a livros como os de Rosaria Butterfield, meu egoísmo e minha preocupação exagerada com ordem e limpeza foram confrontados. Ainda não cheguei ao ponto dos exemplos que li, mas já me cobro para encontrar um equilíbrio, porque confesso que não tenho muita paciência com crianças que não sabem tratar e respeitar a casa alheia. Mesmo assim, são muitos os dias em que minha piscina tem mais de dez crianças, o futebol degasta a grama do meu quintal, e minha garagem fica em completo caos.

Amo o entra e sai de crianças, a campainha tocando e ser a tia que agora é o ouvido para os causos escolares. Na minha bancada há sempre um quebra-cabeça, que normalmente é montado a muitas mãos. Compro suco em estoque, deixo sempre uns salgadinhos — saudáveis, ok? — na despensa, e meu armário de copos de plástico fica pertinho do filtro. As crianças de casa já sabem onde encontrar. Em algumas quintas-feiras, durante a nossa tradicional macarronada em família, recebemos visitantes. Aumento a massa, e a mesa fica cheia, assim como o coração. Pisco os olhos como quem tira uma foto, na esperança de nunca esquecer esses dias.

Durante um período, pudemos convidar uma menina querida que mora por perto e nutrir seu coração. Infelizmente, ela é vítima de casais complicados, que não separam os filhos da bagunça e, por fim, quem paga o pato pelo despreparo dos adultos é ela: solta, sozinha e desesperada por amor. Um dia, com seus 8 anos, tiara na cabeça e roupinha molhada de brincar com a mangueira junto aos meninos, vi seus olhinhos cheios de água enquanto tentava usar palavras do seu vocabulário infantil para expressar o que sentia:

— Deixada de lado.

— Deixada de lado? Pelos amigos? — questionei.

Ela era uma das melhores amiguinhas dos meus filhos. Uma menina doce, que não tinha frescura e estava sempre com um sorriso no rosto. Seu sonho era ser *personal organizer*, porque adorava organizar tudo. Quase todos os dias, ela aparecia na nossa porta e passava horas fazendo uma "bagunça boa" com a turminha que se formava.

Aos poucos, conhecemos sua história complicada, daquelas que não desejamos para nenhuma criança: pais que nunca se casaram; uma irmã mais velha que cuidava dos irmãos menores, mas que também desejava ser cuidada; e uma mãe que carregava suas dores pelas escolhas da vida, e derramava essa falta nas crianças.

— Deixada de lado por quem? Theo está deixando você de lado? — já me senti nervosa, pensando que algum dos meus agia com maldade infantil, algo que não é tolerado aqui em casa.

— Minha irmã só mexe no celular e não brinca comigo; meu irmão é bebê e menino; meu pai nunca está perto; minha mãe me manda ficar no quarto. Ela diz para eu usar o YouTube, mas eu não gosto; quero brincar, mas não tenho ninguém. Eles falam palavrão, e eu vejo que vocês não falam palavrão. Os seus filhos são amigos, brincam na rua. Vocês sempre saem com eles, passeiam, fazem "coisas". Eles precisam comer legumes, têm horário para as atividades. Ninguém faz nada disso comigo, eu me sinto deixada de lado...

Deixada de lado... pela vida... Perceba que, mesmo tão pequena, ela já observava a cultura familiar dos que estavam ao seu redor e comparava com a dela. E tem quem pense que iPad e ausência de regras são demonstrações de amor. Mais uma vez, pude perceber que uma criança quer ter a segurança de alguém que direcione sua vida. Isso é cuidado, mesmo que pareça chatice.

Por trás dos óculos, permaneci estática. André, sentado ao meu lado, apenas me fez um sinal para que eu a deixasse desabafar — ele me conhece e notou que eu já queria disparar minhas palavras. Meu coração se encheu de compaixão, ao mesmo tempo em que me

Uma criança quer ter a segurança de alguém que direcione sua vida.

sentia grata por viver um momento pelo qual tanto orei, daqueles que li nos livros. Finalmente, poderíamos ser um canal de Deus na vida de uma criança que não tinha a estrutura que nossos filhos têm. Era a chance de sermos um lugar seguro, uma referência que também não tivemos. E foi o que dissemos para aquela doce menina. Contamos sobre nossas infâncias, nossas dores e como decidimos usar tudo aquilo para construir a família que temos hoje.

Quando falei que ela era amada pelo criador do mundo, e que foi ele quem nos deu nossa família, os olhos dela se encheram de água novamente. Meu medo é ver preciosidades como ela se perderem no caminho da mágoa, da revolta, do rancor e da amargura, por causa da vida que lhes foi apresentada.

Tive vontade de trazê-la para dentro de casa, porém sabia que isso jamais seria a solução. Então, pensei em tentar alcançar o coração de sua mãe, de uma forma que não parecesse uma ameaça, mas um apoio. Enquanto isso, deixamos claro que nossa casa estava aberta e que ela poderia nos acompanhar em qualquer passeio que fizéssemos. Nós três oramos, e eu comprei uma Bíblia para presenteá-la.

Como pegou covid na época da sua alfabetização, para completar todo o cenário, ela chegou ao quarto ano sem saber ler e escrever, e sua autoestima estava no chão. Eu me ofereci para auxiliá-la, e ela passou a nos visitar depois da aula durante algumas semanas. Meus filhos participaram desse processo, ajudando com as pronúncias de certas palavras, e a Mari — irei chamá-la dessa forma —, que antes só sabia mexer em seu tablet, passou a ler e escrever.

A lição era ler um livro por semana, e a alegria de vê-la descobrindo o mundo da imaginação foi única. Ao fim, Mari conseguiu avançar de ano, e nós a presenteamos com o resto da coleção de livros que usamos para ensiná-la. Eu repetia várias vezes o quanto tinha orgulho do que ela estava conquistando, e seus olhos brilhavam.

Tenho certeza de que Mari nunca se esquecerá desse gesto, e oro para que escolha um bom caminho. Mais uma vez, oramos por ela e plantamos a semente do Evangelho em seu coração, mas sabemos que há um limite até onde podemos ir.

Além disso, foi muito especial ver meus filhos presenciarem, novamente, outras realidades, mesmo de crianças que parecem ter tudo. O melhor iPad, celular ou videogame não substitui afeto, atenção e amor. A casa mais linda não é sinônimo de lar, e sim o nosso colo, os vínculos, as conversas, o espaço para falhar, chorar, pedir ajuda, confessar pecados e receber perdão.

Capítulo 10

UMA CONVERSA SOBRE O SERVIÇO DENTRO DE CASA

Sentada no meu sofá, enquanto lia, observava dois dos meus meninos comerem a tapioca recém-feita. Quando terminaram, ambos se levantaram e levaram o prato até a pia. Sorri com a cena, aliviada por não precisar gastar meu português para lembrá-los dessa tarefa, mas me recordei das muitas — eu disse *muitas* — vezes em que repeti a ordem, levei-os pela mão e os fiz voltar de onde estavam para retirar o bendito prato.

Garanto que não chegamos até aqui seguindo o programa "três passos para ter um filho cooperador em três dias", e asseguro também que Deus não me deu os filhos mais fáceis. Sei que algumas crianças são naturalmente mais atenciosas e cuidadosas ao aprenderem sobre esse zelo com a casa do que outras, como ouço de algumas amigas contarem que o filho alinha sapatos por cor ou cuja brincadeira favorita é organizar gavetas. Os meus não estão nesse grupo, e já adianto que aprenderam a cumprir com as obrigações na força do treino — e, às vezes, com alguns berros.

O fato é que, sabendo da tendência natural dos meninos em serem mais desordenados, tive de aplicar uma energia extra para ensiná-los que todos podem, e devem, ser treinados desde cedo a deixarem de olhar para o próprio umbigo e aprenderem a arte e o chamado cristão de servir ao outro.

O serviço é algo central no Evangelho, mas parece que muitos só enxergam esse ato como algo restrito ao trabalho na igreja. Na verdade, ele começa dentro de casa e é modelado desde os primeiros passos. Para isso, também tenho uma frase: "Começou a andar, já pode ajudar". Desde os pequenos passos, nossas crianças podem aprender a guardar brinquedos, levar o pratinho até a pia, puxar o cobertor da caminha, colocar os sapatos no lugar determinado e participar da rotina da casa.

Este trecho do livro nunca existiria nas famílias nascidas no século 19, ou mesmo nos lares em que ajudar em casa faz parte da sobrevivência. Infelizmente, junto à prosperidade, vêm a preguiça, o comodismo e o hedonismo. A ausência de dificuldades deveria ser aproveitada por nós como uma bênção, mas, muitas vezes, transforma-se em um fruto amargo e indigesto.

Quando leio para os meninos a história de *Farmer Boy* [*Menino da fazenda*, em tradução livre][1], eles percebem que o trabalho fazia parte da vida das crianças, não por luxo, mas para sobrevivência. Naquela época, para o filho, era uma honra fazer atividades

1 WILDER, Laura Ingalls. **Farmer Boy**: Little house, Book 2. Later Printing edition. New York: HarperCollins, 2008.

Começou a andar, já pode ajudar.

de adulto, servir ao pai e ajudar a desenvolver os ranchos, mesmo diante da neve que caía na maior parte do ano. A escassez era real, e madrugar para tirar leite era tarefa de meninos pequenos, que hoje sequer arrumam suas camas. Será que perdemos a capacidade e a coordenação motora ao longo dos anos? Nossos filhos são piores que os meninos que ajudavam seus pais desde novos? Ninguém precisa desejar o caos para moldar o caráter dos filhos, mas, por outro lado, não podemos nos acomodar e esquecer que prestaremos contas pela forma como criamos nossas crianças. E digo mais: como será a próxima geração que estamos formando?

Mesmo com uma funcionária todos os dias em casa e, quando as crianças nasceram, também com uma babá, nunca permiti que isso aliviasse a carga dos meus meninos. Sempre deixei claro que elas eram minhas ajudantes e que eles deveriam cooperar na casa. Ambas não conseguiam entender por que eu agia assim, já que o costume era tratar as crianças como reis, servidas e mimadas. Ter o luxo da ajuda não impede que moldemos as mãos de nossos filhos para o serviço, o que pode ser adaptado dentro de cada realidade.

A nossa mudança para os Estados Unidos foi muito mais fácil do que pensamos, e esse foi um dos motivos. Os meninos já ajudavam e sabiam o que esperávamos deles. Por isso, não sofreram o choque de perder o trono para colocar a mão na privada. Foi uma transição relativamente suave, e minha casa só não é um caos porque todos fazem sua parte. Ainda que muitas das tarefas precisem ser lembradas e repetidas, algumas já viraram hábito. Repetir cansa muito, desgasta, e nos dá a sensação de que falamos com a parede, mas eu não conheço outra técnica melhor. Somos seres de hábitos, e quem já conhece os muitos livros que ensinam como mudar um hábito em 21 dias confirma as ideias que Charlotte Mason[2] já ensinava.

Como não estamos no exército, em alguns momentos, escolho minha paz momentânea em vez de me tornar a louca das cobranças. Às vezes, deixo passar quando eles não guardam a louça por inteiro, e eu mesma cuido dessa tarefa. O problema é que, quando isso se torna um padrão, as demandas se acumulam, e o que você fez para evitar um estresse se transforma em um desgaste ainda maior, com o agravante de seus filhos não estarem aprendendo. Se é para escolher um trabalho, escolho ensinar onde guardar o prato, qual ciclo da máquina usar e qual o caminho para voar, em vez de carregar tudo nas costas e eternamente dar comida na boca de marmanjos.

Se é para escolher um trabalho, escolho ensinar onde guardar o prato, qual ciclo da máquina usar e qual o caminho para voar, em vez de carregar tudo nas costas e eternamente dar comida na boca de marmanjos.

Quando você colhe o fruto do aprendizado, minha querida, é mais doce do que leite condensado com coco. Sua dopamina sobe até a Lua, e o pique para continuar se renova. Para lhe dar uma referência, na idade em que estão, entre 8 e 12 anos, meus filhos guardam seus sapatos, arrumam as camas, tiram os lençóis em dia de lavar, limpam o banheiro e a privada — em dias alternados —, guardam as roupas limpas, tiram o lixo, esvaziam a máquina de lavar louças todas as manhãs, cortam grama, colocam e tiram a mesa.

Aqui, já tivemos várias fases: com e sem quadro de recompensas, estabelecendo as tarefas de todos, recompensando a mais

[2] Educadora britânica do século 20.

pelas atividades extras, utilizando rodízios — atualmente, fazemos isso em algumas tarefas. No dia de jantar em família, um coloca a mesa, o outro tira e o terceiro limpa, ou seja lá qual for a dinâmica que decidamos usar. O importante é que todos aprendam a servir, gostando ou não.

Capítulo 11

UMA CONVERSA SOBRE O SERVIÇO AO PRÓXIMO

Ao início de cada ano letivo nos Estados Unidos, há um dia especial para visitar a escola e se familiarizar com a nova série. As famílias percorrem os corredores com seus filhos, e, em cada sala de aula, após as apresentações e introduções, a professora distribui alguns papéis para os pais assinarem. Em um canto separado, um cartaz, cuidadosamente decorado, chama a atenção com o título: "Se você deseja ser mãe de sala, deixe seu nome e e-mail aqui". Essa é uma das muitas oportunidades que as escolas oferecem para as mães — e alguns pais, embora em menor número — que queiram se voluntariar ao longo do ano letivo.

Depois de alguns anos evitando esse papel, inspirada por amigas que praticamente têm um "pós-doutorado" na função de "mãe de sala", decidi estender meus tentáculos maternos para servir na escola e encorajar meu filho caçula a reclamar menos de ir para a aula. Apesar dos incentivos das colegas com seus carrinhos e kits de papelaria, dignos de decoradoras de festas infantis — daqueles que vemos em filmes da Sessão da Tarde —, ao longo do ano, percebi que, talvez, essa não seria a melhor forma de contribuir para a sociedade norte-americana.

Meu caçula continuava a reclamar *todas* as manhãs antes de ir para a escola, mas o ponto de ruptura aconteceu quando, sozinha, suando em bicas, equilibrava-me em uma cadeira tamanho "extragrande" de criança, tentando medir e cortar um papel colorido para cobrir a porta da sala de aula. Enquanto isso, duas mães da sala ao lado sorriam, como se torcessem para que minha porta não ficasse tão bonita quanto a delas — aviso que ficou! Inúmeros recortes precisavam ser feitos, o que, combinados com meu perfeccionismo visual, deixavam-me levemente frustrada.

Após decorar a sétima porta do ano, prometi a mim mesma que, no próximo, apenas faria uma oração mental para que Deus enviasse uma ótima mãe decoradora de portas e procuraria outra forma de ajudar. Assim tenho feito, e assim meu filho continua a chorar antes de ir à escola.

Embora eu não tenha me "graduado" na função de mãe de sala, André e eu sempre tivemos a preocupação de ensinar aos nossos filhos a importância do serviço desde pequenos. Entendendo que cada família vive uma realidade diferente, com formas diferentes de servir, buscamos praticar o serviço como um estilo de vida que nossos meninos possam observar, nem sempre relacionado a um trabalho voluntário semanal.

Já é esperado pelos meninos que o pai deles pare o carro para ajudar pessoas com seus veículos quebrados, principalmente se forem mulheres ou idosos sem uma figura masculina por perto. Como ex-proprietário de Opalas e outros carros antigos, André conhece bem as dificuldades de quebras na estrada, paradas abruptas em meio ao trânsito ou falta de gasolina. Além disso, lembra-se com carinho das vezes em que foi ajudado por alguém.

Ele também é habilidoso com tudo relacionado à casa, consertos e ferramentas, e costuma ser o "pau para toda obra" das pessoas ao nosso redor, mesmo que isso signifique sair à noite, em dias de chuva, no meio de um filme. Ver o pai deles agindo dessa forma está moldando nossos meninos, que frequentemente recebem elogios por estarem sempre dispostos a ajudar e socorrer um amigo.

> Buscamos praticar o serviço como um estilo de vida

Recentemente, Mat fez amizade com um menino recém-chegado do Brasil, que, ainda com a mentalidade de lá, tinha medo de voltar para casa sozinho depois que escurecia, mesmo morando no nosso condomínio. Durante um bom tempo, nosso filho o acompanhava até casa, assim como todos aqui conduzem as vizinhas que moram cinco casas à nossa frente quando já anoiteceu. São pequenas atitudes que moldam a forma de pensar e alinham-se com o chamado ao serviço presente na Bíblia. Cavalheirismo é bíblico e, por mais que as gerações passem, nunca sairá de moda nem deixará de ter impacto.

A cultura do serviço também se aplica às visitas que recebemos em casa. Lembro-me de quando era criança e visitava amigos dos meus pais, para um almoço ou passar uma tarde juntos. Muitas vezes, mesmo havendo outras crianças, éramos deixados de lado, e o dia se tornava entediante. Entendo que, especialmente na pré-adolescência, as crianças podem ser tímidas e costumam ter dificuldades para socializar e, pensando nas minhas experiências e nas do André, decidimos fazer diferente.

É comum recebermos famílias com crianças menores, às vezes só meninas, bebês, ou com personalidades diferentes das dos nossos filhos. Como não queremos que se sintam isoladas, desconfortáveis ou entediadas, temos um combinado com os meninos: eles precisam estar presentes, convidar as crianças para brincar, tentar romper a barreira da timidez e entender que fazer o outro se sentir acolhido em nossa casa é uma forma de servir, mesmo que isso prejudique o tempo de brincar com seus amigos já conhecidos.

Sacrificar tempo é uma oferta, e abrir mão do que gostamos pelos outros molda o coração egoísta dos nossos filhos. O ganho é que eles aprendem a lidar com vários tipos de pessoas, descobrem novos amigos, alguns mais difíceis, aprendem a socializar com crianças menores — algo que eles adoram e que os motiva a pedirem por novos irmãos — e percebem que existem histórias muito diferentes das deles. Até agora, só vimos benefícios em agir assim, mesmo que isso custe algumas caras feias e reclamações cada vez que comunicamos uma nova visita.

> São pequenas atitudes que moldam a forma de pensar e alinham-se com o chamado ao serviço presente na Bíblia.

Além disso, durante dois anos, nós nos voluntariamos para entregar semanalmente cestas de comida às famílias carentes de Orlando. Essa é uma das parcerias que nossa igreja local tem com ONGs. Durante esse tempo, conhecemos um casal com gêmeas que corriam risco de vida. Tivemos a oportunidade de orar por eles e, depois, pudemos carregar nos braços dois milagres. Nas férias e feriados, levávamos os meninos conosco, e, embora a pobreza nos Estados Unidos não chegue nem perto da realidade do Brasil, colocá-los em contato com casas mais simples, bairros afastados e mães que lutam para cuidar de filhos com deficiência foi uma aula de humildade.

Antes desse período, nós nos juntamos ao grupo de membros da nossa igreja que participa de outro projeto, oferecendo suporte a uma família que decidiu abrir sua casa para ser *foster parent* — modelo parecido ao de famílias acolhedoras do Brasil. Cada semana, um grupo era responsável por providenciar comida, carona, suporte emocional, oração ou comunhão para aquela família. Mesmo que os norte-americanos sejam mais reservados que os brasileiros, foi gratificante presenciar a cultura do serviço em ação que há nos Estados Unidos. Uma das coisas mais bonitas de se ver aqui é a mobilização que ocorre quando um vizinho adoece, tem um bebê ou passa por um problema.

O nosso calor latino é marca registrada, e a arte de abrir as portas, preparar um café e chamar a amiga com crise no casamento para comer um bolo faz parte da rotina de muitas de nós. Se você está na fase de pouca mão para muita demanda, essas pequenas atitudes também são formas de servir — além de ser gostoso ter uma conversa que vá além de "xixi", "cocô", "não" e "para" — e devem ser transmitidas para nossos filhos. Na correria do dia a dia e na nossa preguiça — culpadas, levantem as mãos! —, corremos o risco de deixar isso de lado e de fechar as portas para um chamado cristão.

Capítulo 12

UMA CONVERSA SOBRE EMPATIA

Ao contrário do que já ouvi de muitas especialistas em maternidade, tenho certeza de que mostrar crianças da África comendo agachadas, com o único prato de comida do dia, mexe com qualquer pessoa, sim. Se não gera desconforto em alguém, talvez essa pessoa deva se preocupar com seus níveis de empatia e noção de mundo.

Apesar de eu ter quase certeza de que meus filhos não passarão fome, e provavelmente os seus também não — afinal, você conseguiu comprar este livro —, sempre achei inaceitável criá-los dentro de uma bolha. Não gosto de usar o sofrimento alheio como chantagem nem como vitrine. Essa não é a intenção quando mostro, desde bem pequenos, o que existe lá fora da janela. O fato de comerem a couve-flor no prato depois de entenderem que muitas crianças estariam pulando de alegria por aquela "arvorezinha", mostra que isto é só um pequeno pedaço de toda a visão que pretendemos ensinar.

Empatia não é algo com que se nasce. Se fosse, as crianças teriam dó de arrancar o brinquedo da mão do outro no tanque de areia e não sofreriam para dividir com quem não tem; as pessoas não teriam escravizado outras nem achariam certo discriminar pela cor da pele — sem demagogia, mas isso ainda me choca. Penso que alguns nascem com menos gotas de veneno no copo — não sei por quê — e têm mais facilidade de olhar para fora, porém a grande maioria é "meu, eu".

Não só mostramos para eles as crianças que passam dificuldade, como também acompanhamos algumas que ajudamos. Aos pouquinhos, e com muita repetição — olha ela aí de novo —, já percebemos um senso de mundo um pouco mais expandido.

Outro dia, minha vizinha quis saber como eu fazia para os meninos não jogarem fora o lanche — que, muitas vezes, contém pimentão — e me enganarem, dizendo que haviam comido tudo. Apesar de ter ideia do motivo, resolvi chamar os dois mais velhos para responderem e praticarem seu inglês: "Porque não é certo e Deus está vendo tudo". Theo finalizou com: "Porque eu não me sinto bem jogando comida no lixo" — bingo! Ali estavam as muitas conversas, livros e vídeos sobre os milhões de pessoas que morrem de fome — que bizarro é isso, não?

Existem várias ideias que absorvo dos especialistas por aí, mas algumas — como amassar papinha em vez de bater, ou separar as comidinhas na introdução alimentar —, eu gentilmente ignoro e opto por seguir os exemplos do que vi, vivi e comprovei que funciona. Minha mãe sempre tentou fazer o mesmo, numa época sem internet, e conseguiu tirar nossos olhos de nosso umbigo. Mesmo que ela não fosse cristã na época, passou esses valores para quatro filhos que, apesar de muito diferentes, são incapazes de ver alguém sofrer ou passar necessidade sem tomar uma atitude. Essa é uma das características mais especiais dos meus irmãos.

É curioso observar crianças que vêm à nossa casa pela primeira vez e param diante da geladeira para olhar os rostinhos de outras tão diferentes delas. Quando isso acontece, espero a pergunta pura: "Quem são esses, tia?"; e logo algum dos meus meninos já explica. De alguma forma, desejo que isso seja um pontapé para, quem sabe, pedirem aos pais que façam algo parecido ou conversem sobre a realidade lá fora. Acredite se quiser, mas a grande maioria das crianças norte-americanas de classe média não tem ideia de que famílias inteiras moram em casas de madeira, sem luz e esgoto.

Durante as refeições, nossas crianças apadrinhadas têm seus nomes mencionados, e mandamos cartinhas para elas de tempos em tempos. Considero esse o mínimo que podemos fazer para moldar a mentalidade de servir ao outro. Um dos livros que mais amei sobre esse tema foi o escrito por Kristen Welch, *Raising Grateful Kids in an Entitled World* [*Criando crianças gratas em um mundo soberbo*, em tradução livre].[1] Infelizmente não há uma edição em português, mas já perdi as contas de quantas vezes li e consultei essa obra.

Nossa família participa e é ativa financeiramente em outras causas que não vêm ao caso serem citadas aqui, mas incentivo você a testemunhar sem freios aos seus filhos sobre todas as obras em que investe, ministérios que apoia, vidas que abençoa. A Bíblia nos alerta a não sermos exibidos, não anunciar aos quatro ventos a quem ajudamos com o desejo de sermos paparicados e não deixarmos nossa vaidade nos controlar. Porém, dentro de casa é o lugar para modelar o exemplo de servir e abençoar o próximo, ainda mais quando se trata de alguém que é diferente de nós.

[1] WELCH, Kristen. **Raising Grateful Kids in an Entitled World**: How One Family Learned That Saying No Can Lead to Life's Biggest Yes. Illinois: Tyndale Momentum, 2016.

Incentivo você a testemunhar sem freios aos seus filhos sobre todas as obras em que investe, ministérios que apoia, vidas que abençoa.

Desde bebê, minha mãe percebeu que meu irmão mais velho, o segundo de quatro filhos, era diferente. Naquela época, pouco se sabia do que se conhece hoje. Para resumir a história, ela passou grande parte da vida procurando terapias, médicos, poção mágica e curandeiro espiritual que ajudasse nas dificuldades, sem nome até então, do diagnóstico do meu irmão. O menino era extremamente hiperativo, a ponto de enlouquecer a todos nós, além de ter dificuldade de concentração. Hoje, sabemos que esse comportamento é fruto do autismo grau 1 e do Transtorno de déficit de atenção e hiperatividade (TDAH) — relato autorizado pelo meu irmão.

Filho de um pai com mentalidade arcaica, que acreditava em uma educação das antigas e dizia que tudo era “frescura” ou proposital, meu irmão não teve uma vida fácil. Era de partir o coração ver um menino que não se encaixava em nenhum grupo, esporte ou escola. Autoestima no chão, rejeição de todos os lados e um cérebro que não funcionava como o das crianças típicas foram os desafios encontrados pelo Lucas durante sua infância.

Em um dos anos, mudou três vezes de colégio: três uniformes, três matrículas, três adaptações, três listas de materiais. Ele continuava seguindo aos trancos e barrancos ao lado de seus outros irmãos que caminhavam com certa facilidade pelas fases da vida, o que apenas aumentava seu sofrimento e o sentimento de inadequação e fracasso.

Foi recente, na vida adulta, e diante de seu diagnóstico, que percebemos as expectativas injustas — e até cruéis — que depositamos nele, as palavras duras que soltamos e as muitas brigas e feridas causadas pela ignorância. Mesmo antes de sua dificuldade adquirir um nome, nós três já tínhamos no coração o cuidado ao tratar outros “Lucas” que surgiriam em nossa vida.

O caso dele, somado ao fato de que minha avó era deficiente física, despertou em mim um senso de justiça e o dever de me esforçar para garantir que os meus filhos, pelo menos, não sejam os responsáveis por causar feridas em crianças como eles. E assim temos feito.

Insisto que as famílias devem conversar desde sempre sobre crianças atípicas. Assim como educamos em outros pilares, ensinar que existem realidades de crianças diferentes das nossas é um presente que damos a eles e ao mundo, além de ser uma belíssima forma de incentivá-los a serem como Jesus nesta Terra. Com muita alegria, posso dizer que os meninos aprenderam a reconhecer de longe uma criança cujo comportamento parece estranho ou anormal. Em vez de a rotularem e rejeitarem — o esperado de alguém sem conhecimento —, eles respiram fundo, tratam com carinho e esticam a paciência.

Tenho tantas memórias que me enchem de orgulho: meus meninos ajudando a amiga com dificuldade de fala; brincando com o amigo autista que não sabe bem seguir regras; abrindo mão de seu conforto para acolher uma criança que está com dificuldade de socialização.

Em nosso começo de vida aqui em Orlando, morávamos ao lado de uma família muito querida que tinha um filho atípico com o comportamento similar ao de Lucas. Nosso filho se tornou amigão dele — em alguns momentos, um porto seguro —, ao ponto de os pais pedirem à escola que os colocassem na mesma classe. Ele se sentia protegido, e a professora me relatou que ninguém desrespeitava ou zombava dele porque sabiam que Theo o defenderia. Quer Evangelho na prática melhor do que isso?

Se você ainda não teve essa conversa com seus filhos, não se culpe. Nossa tendência é de não nos lembrarmos daquilo que não faz parte da nossa realidade. Acrescente isso em sua lista de afazeres e seja intencional. Morando fora, temos uma chance muito maior de viver a inclusão, já que, na maioria das escolas públicas norte-americanas, há diversidade e um colorido raro de se encontrar em outros lugares.

Não só as mães de crianças atípicas agradecem e se sentem em paz, como também nossos filhos desenvolverão um olhar diferente, maduro, amoroso e misericordioso em relação ao outro. Diversos adultos não conseguiram chegar nesse patamar, mas nossas crianças são plenamente capazes.

Para finalizar este capítulo, deixo aqui outras sugestões de obras inspiradoras: *Kisses from Katie* [*Beijos da Katie*, em tradução livre][2], *Love Without Borders* [*Amor sem limites*, em tradução livre][3], *Growing Compassionate Kids* [*Educando crianças compassivas*, em tradução livre][4], *Red Scarf Girl* [*Garota do lenço vermelho*, em tradução livre][5], *My Brother's Keeper* [*A cuidadora do meu irmão*, em tradução livre][6], *He Walks Among Us* [*Ele caminha em nosso meio*, em tradução livre][7].

---

2 MAJORS, Katie Davis; CLARK, Beth. **Kisses from Katie:** A Story of Relentless Love and Redemption. Reprint edition. Tennessee: Howard Books, 2012.

3 BRANIFF, Angela. **Love Without Borders**: How Bold Faith Opens the Door to Embracing the Unexpected. California: HarperOne, 2021.

4 JOHNSON, Jan. **Growing Compassionate Kids**: Helping Kids See Beyond Their Backyard. Tennessee: Upper Room Books, 2000.

5 JIANG, Ji-li. **Red Scarf Girl**: A Memoir of the Cultural Revolution. Reprint edition. New York: HarperCollins, 2018.

6 M.D., Nicholas Rosenlicht. **My Brother's Keeper:** The Untold Stories Behind the Business of Mental Health—and How to Stop the Abandonment of the Mentally Ill. New York: Pegasus Books, 2024.

7 STEARNS, Richard; STEARNS, Reneé. **He Walks Among Us**: Encounters with Christ in a Broken World.1 ed. Tennessee: Thomas Nelson Inc, 2013.

“As tradições são as histórias que as famílias escrevem juntas.”

— DITO POPULAR

Parte 4

Construindo memórias e uma herança

Capítulo 13

UMA CONVERSA SOBRE ROTINA

Sete e quarenta, despertador toca. Quase como uma manteiga derretida, abandono minha deliciosa cama, passo no banheiro para a "função dentes e bexiga", lavo o rosto e sigo para o quarto dos mais novos. Abro a janela e contemplo minha dupla espremida em uma única cama, enquanto a outra está vazia. Há anos eles decidiram dormir juntos, em parte pelo medo de escuro, em parte porque é uma delícia.

No caminho para a cozinha, acendo os abajures espalhados pelas mesinhas da casa e, com certa frequência, lembro-me da voz da minha mãe comentando que luz indireta torna a casa mais aconchegante. Passo o olho à volta como um Raio-X para checar se algo está fora do lugar. Abro a geladeira e começo a preparar a lancheira dos meninos, enquanto ajusto cadeiras desalinhadas, recolho copos espalhados e me delicio com o cheiro do pão esquentando na torradeira. Um a um, eles vêm descendo as escadas com os olhos inchados e cabelos despenteados — pentear cabelo não faz parte das batalhas que compro — e, em cerca de minutos, todos já saíram para a escola.

Nos dias corridos, ouço meu devocional enquanto finalizo a "parte um" do meu dia e corro porta afora para iniciar a "parte dois". Nos outros, sem atividades agendadas, sento-me na poltrona e abro a Bíblia. À minha frente, o presente de Deus para nós: a vista da mata invadindo minhas janelas. As cores das folhas indicam a estação em que estamos, e não existe um dia sequer que deixo de agradecer ao Senhor pelo privilégio do nosso cantinho. Durante o dia, a gratidão é pela vista, à noite, pela serenata da natureza que embala nosso sono.

Em cada dia da semana, tenho uma sequência de pendências e atividades que me são lembradas pelo calendário do celular — meu secretário e melhor amigo. Graças a ele, e à minha organização, consigo equilibrar os pratos que entendo serem importantes. Horas mais tarde, meu celular apita e avisa que a escola está terminando, e já me preparo para a "parte três" do dia, com correria de esportes, lição de casa e organização da cozinha. A rotina das crianças finaliza às sete e meia da noite, para os menores, e às nove horas, para o maior, com banho, jantar, oração e leitura, já na cama.

Fecho a porta de seus quartos, apago o abajur do corredor e caminho em direção à "parte quatro" do dia: dou um *check* mental nas pendências e sou invadida pela gratificação da dopamina liberada. Como uma boa amante de listas, e mais ainda de riscar itens nelas, não deixo de relembrar as vitórias de cada dia, mesmo que pareçam minúsculas diante do que o mundo entende como uma grande conquista. A minha gratificação diária como mãe é finalizar mais um ciclo com sensação de vencedora, sabendo que meus filhos estão quentinhos, limpos, alimentados e protegidos. Apesar de ser óbvio, nunca deixo de me deliciar com a realidade de — ainda — tê-los todos ao meu lado.

Nessas poucas horas ao final da noite, meu marido e eu contemplamos o silêncio, cultivamos nosso casamento, papeamos, assistimos a uma série e nos preparamos, pois, no dia seguinte, tudo recomeça — e graças a Deus por isso. O amanhã nunca deveria ser algo corriqueiro para nós, e sempre relembro aos meninos que hoje, neste exato momento, alguém não o terá.

Não precisei de bastante tempo para escrever estas linhas, porque é esperado de uma boa rotina que ela se torne automática e intuitiva. Desde muito pequenos, os meninos foram apresentados a uma sequência de acontecimentos dentro de um intervalo. Graças a ela, ter filhos — mesmo com todo o terror do refluxo e alergias — não me deixou desestabilizada, não virou minha vida de ponta cabeça com relação à organização nem prejudicou meu casamento, como é comum ouvirmos.

Poderia listar diversas pesquisas e dados científicos, além de fontes dos muitos livros que li sobre isso, mas esse é o tipo de conclusão que não precisa da teoria porque a prática a comprova. Além disso, os benefícios cognitivos e emocionais de uma criança com rotina são a cereja do bolo. Seguir uma ordem e estabelecer horários, ainda que flexibilizados às vezes, gera segurança para a criança, para os pais e para qualquer um que precise cuidar dela. Os meninos entraram na rotina com certa facilidade, o que me permitia deixá-los com minha mãe ou ajudante quando precisava sair — seja por necessidade ou até mesmo lazer.

O amanhã nunca deveria ser algo corriqueiro para nós

A rotina também me ajudou a decifrar algo muito difícil: o choro da criança. Apesar de vários livros nos incentivarem a usarmos nossa intuição, não queria confiar apenas nisso para “ler” o meu bebê. Com a rotina, pude eliminar as possíveis variáveis que já haviam sido resolvidas. Todas as necessidades básicas sempre foram atendidas com uma lógica, e esse hábito se tornou meu aliado para uma investigação maior. Assim, descobri que o excesso de choro dos meninos não era fome ou sono, mas sim refluxo e alergia ao leite.

Conforme cresciam, gravei vídeos — porque, se contarmos, ninguém acredita — de todos eles "se recolhendo" para dormir, iguaizinhos às galinhas da roça, mesmo quando não tinham ideia de qual hora o relógio marcava. Como já conheciam a sequência, seus relógios biológicos se adequaram à rotina. Certa vez, quando Mat tinha 1 ano e meio — 2, no máximo —, estávamos na sala com avós e tios, que babavam no primeiro neto. O sol baixava, ele percebeu o fim do jantar e já estava de banho tomado. Então, em silêncio, posicionou-se em frente à escada e iniciou sua subida para o descanso do dia. A família toda ria, desacreditando da cena. Em uma outra lembrança — essa já documentada no celular —, João, nosso terceiro, com seu pijama quentinho de zíper, esticava as perninhas para alcançar a mamadeira e tentava escalar o berço.

Obviamente, como tudo nesta vida, existem vantagens e desvantagens em seguir um cronograma. Toda a minha rotina tinha como objetivo respeitar o sono, o desenvolvimento e gerar segurança nos meninos. No entanto, constantemente eles dormiram sem ver o pai, que chegava mais tarde do trabalho. Apesar da dor no coração desse pai apaixonado, ambos entendemos que, naquela fase, seguir um horário de dormir adequado era benéfico para toda a família. Isso também nos fazia recusar programações à noite quando ainda eram menores, para evitar a quebra de seus horários.

Já no terceiro filho, flexibilizamos a rotina aos poucos, mas com muito cuidado, porque o resultado de crianças que dormem mal é um dominó de caos que transborda para o próximo dia. Prejudica alimentação, humor, concentração e afeta a mãe, que tem de gerenciar um filho ainda mais cansado do que ela. Na maioria das vezes, a culpa é dos pais, que não respeitaram a rotina que tanto os ajudou.

Entendo que existem crianças com personalidades flexíveis, dormem em qualquer canto, alimentam-se bem no cadeirão de casa ou no meio do restaurante, mas esta não foi a minha realidade. Por isso, decidimos sacrificar programações e alguns anos do nosso lazer por um lar mais harmonioso — e para o bem da minha saúde mental. Confesso que não foi sofrimento algum para nós dois, que sempre fomos caseiros. Poucas programações vencem um sofá, queijo e um bom filme na TV.

Para nosso relacionamento também foi uma bênção, e o medo que eu tinha quando ouvia alguns relatos caóticos de casais apavorados passou longe da nossa porta. Ainda que adaptações naturais no casamento acontecessem, seguimos firmes e fortes. Conservamos nosso tempo de qualidade diário, conversamos e aproveitamos muito a nova fase de pais. Agradeço à dona rotina por essa graça.

À medida que os meninos crescem, a rotina continua sendo benéfica para todos, já que menos repetições e desgastes são necessários quando as regras estão claras e as expectativas, alinhadas. A paz em uma casa é — também — fruto dessa maravilhosa sequência de acontecimentos. A rotina é segurança, é norte, é previsibilidade. É um mapa a seguirmos, é a família toda falando na mesma língua, andando no mesmo trilho, caminhando para o mesmo lugar. Quebrá-la faz parte dos dias memoráveis, das exceções, do elemento surpresa que cria memórias e, sobre elas, falarei mais à frente.

A rotina é segurança, é norte, é previsibilidade.

Capítulo 14

UMA CONVERSA SOBRE CULTURA FAMILIAR

Cultura familiar é a soma de nossos valores, visões, interesses e tradições, tudo junto e misturado. É a forma como estruturamos a vida em família, como aproveitamos o tempo que temos juntos, os amigos que cultivamos, os passeios que gostamos de fazer, os princípios que nos guiam, a maneira como falamos uns com os outros e como gastamos nosso dinheiro. É a forma como demonstramos amor, como disciplinamos, gerenciamos conflitos e quão rápidos somos para perdoar.

Gostamos mais da manhã ou da noite? Somos musicais, artistas, mais aventureiros ou um pouco de tudo? Cozinhamos ou pedimos comida? Preferimos praia ou campo? Dizemos "eu amo você" frequentemente ou demonstramos nosso amor com atitudes? Somos do toque físico, dos abraços ou mais reservados? Independentemente das suas preferências, a cultura familiar começa com uma visão dos pais, que pode e deve ser bem pensada e discutida: "Aonde queremos chegar?"; "Quais memórias queremos formar juntos?".

Muito do que desenharemos vem das nossas experiências de infância — selecionamos o que desejamos repetir e o que manteremos longe da nossa casa —, e é fundamental que esse exercício seja feito no namoro. Lembro-me de ter muitas conversas com André sobre o que gostávamos em cada família e o que descartaríamos. Discutir esses assuntos nos tornou alinhados, permitiu-nos evitar discussões bobas e garantiu que nossa comunicação fluísse na mesma frequência. Não cabe aqui permanecer na defensiva diante das críticas do seu cônjuge a aspectos da sua cultura familiar original que ele não aprecia. Lembrem-se de que, agora, serão as regras de vocês, e não há necessidade nem é saudável replicar o que vivenciaram no passado em sua nova casa.

> Cultura familiar é a soma de nossos valores, visões, interesses e tradições, tudo junto e misturado.

Portanto, desarme-se e ouça o que o outro tem a dizer. Por estarmos imersos no único ambiente que conhecemos e no qual crescemos, nossos olhos se acostumam até mesmo a hábitos ruins, tratamentos inadequados e certos tipos de desrespeito que não devem ser levados adiante. Quem está de fora da nossa dinâmica familiar, como é o caso do nosso cônjuge, consegue ver o que nós não vemos, e isso é bom!

A verdade é que muitas vezes queremos que nossos filhos vivam a nossa infância, mas numa versão melhorada. Gostaríamos que eles torcessem para o mesmo time, gostassem dos mesmos tipos de filme, fossem profissionais no esporte em que não conseguimos ser. Para a frustração de muitos, pode ser que eles não queiram nada disso e se interessem por outros assuntos.

Em minha família, por exemplo, nunca esperávamos ter um filho que gostasse de tênis. Apesar de eu ter jogado na infância por um curto período, não é algo que fizemos questão de apresentar. Porém, pelo interesse do nosso filho, nossa família precisou assistir a mais jogos, entender as regras e sofrer com os preços desse tipo de atividade. Por outro lado, André conseguiu influenciar um dos meninos a gostar de carros, e esse é o assunto deles. O outro joga futebol e tem um pai técnico ativo e incentivador, que não perde uma partida.

De qualquer modo, a cultura familiar se manifesta naturalmente quando nossos valores estão claros para todos e são frequentemente repetidos. Aqui em casa, os meninos já sabem o que é inaceitável e desperta o meu lado mais irritado, aquele que precisa do Espírito Santo para segurá-lo. Tenho pavor de crianças mentirosas, manipuladoras e que contam apenas partes de uma história. Não deixamos essas atitudes passarem despercebidas nem as encaramos como algo típico da infância. Enquanto são pequenos, até os 4 ou 5 anos, muitas mentiras são apenas fruto da imaginação. Essas não corrigimos, porque tendem a desaparecer com o tempo. No entanto, as mentiras que envolvem prejudicar, roubar ou esconder algo são prontamente tratadas e corrigidas. O tom de voz e as consequências demonstram como encaramos esse tipo de infração.

Também me irritam os comportamentos que chamo de "frescura de criança rica". Reclamar de comida, fazer-se de coitadinho ou se comparar com a "grama do vizinho" são atitudes que eles pensam duas vezes antes de ter, pois sabem do privilégio que têm na vida. Não alimentamos pequenos egos de quem não tem a menor ideia do que é sofrer. Pelo contrário, as leituras em voz alta dos livros vivos nos ajudam a estourar a bolha de egocentrismo que habita em muitos lares de países ricos. Histórias como as de Anne Frank, Helen Keller, Irmão André, Corrie ten Boom e o emocionante livro de Linda Sue Park — *Uma longa caminhada até a água*[1] — são boas ferramentas nessa jornada de tirar nossos filhos e seus sentimentos do centro do Universo, e apontar para o que está além da janela.

Em volta da mesa, em meio às leituras da Bíblia e nas conversas no carro, sempre reafirmamos o motivo de crermos no que cremos e como enxergamos as situações do cotidiano à nossa volta. Modelar o caráter cristão, para nós, é algo em que investimos muita energia. Assim como a tabuada, algumas aprendizagens só vêm com a repetição.

Se você, como eu, é uma admiradora da vida alheia, deve ter crescido observando a cultura das famílias das amigas, das primas, das vizinhas. Lembro-me das anotações mentais que fazia, encantada com algumas dinâmicas e arrepiada com outras. Nunca me esqueci de uma casa onde dormi, lá pelos meus 9 anos. Ali, as meninas da minha idade ainda tomavam mamadeira, eram tratadas como bebês, e os pais tinham uma banheira no meio do quarto, repleta de revistas Playboy espalhadas. Eu não sabia dar nome à minha repulsa por tudo aquilo, porém hoje entendo que era um ambiente com inversões de papéis, infantilização das crianças e sexualização explícita, tudo junto. Complicado de explicar, mas aquilo me causou tanto ranço, que nunca mais quis voltar.

Também me lembro da minha única amiga da rua, a vizinha da frente, que vivia com a mãe e as duas irmãs. As três eram tratadas quase como funcionárias da casa, e a mãe, destemperada, às vezes corria atrás delas com um melão ou abacate na mão e os jogava em suas cabeças. A mais nova, minha amiga, achava graça, afinal essa dinâmica de uma mãe descontrolada era o que ela conhecia. E a leveza com a qual encarava tudo me causava admiração. A mãe não as deixava fazer nada — nada mesmo — porque tinham de cuidar da

[1] PARK, Linda Sue. **Uma longa caminhada até a água**. Trad. George Schlesinger. 1 ed. São Paulo: WMF Martins Fontes, 2024.

Assim como a tabuada, algumas aprendizagens só vêm com a repetição.

casa e, mesmo assim, minha amiga não murmurava. Conviver com aquela realidade me fez perceber que minha casa não era tão ruim e que meus pais não eram tão malucos quanto eu às vezes pensava. Além disso, passei a reclamar menos.

Apesar das más experiências com outras famílias, sempre me lembro com carinho de uma amiga que tinha uma relação muito linda com o pai. Ele a colocava na cama todas as noites e acariciava suas costas até ela dormir. Isso era tão distante da minha realidade, que eu achava curioso existirem pais assim. Porém, aprendia e observava. Quem sabe, eu teria um marido que fizesse o mesmo. Hoje em dia, não tenho a filha, mas tenho em casa um pai carinhoso e amoroso, cujo colo é um ímã para os meninos e cujas mãos, cascudas e brutas, enchem os filhos de afeto físico.

A casa da minha tia também fez parte da construção da minha cultura familiar. Eles tinham uma leveza para lidar com o dia a dia, ausente na rotina rígida que eu experimentava. Casada pela segunda vez, ela encontrou um marido companheiro e divertido, o típico contador de piadas que sempre estava disposto a uma saída para um café no meio da tarde de sábado. Às vezes, ela chegava do trabalho e saía com minha prima para comprar algo no shopping, e essa atitude carregava dois dos meus sonhos: minha mãe me levar para fazer compras — e gostar desse tipo de programação — e fazer isso durante a semana, quebrando a rotina tão regrada.

Esse desejo permaneceu guardado e, hoje, temos esse costume aqui em casa. Cada vez que um programa espontâneo entra em ação, minha menina interior dá piruetas de alegria. Que meus meninos sejam maridos que topem o inesperado, surpreendam os filhos e não sejam rígidos como meu pai e sogro — que só queriam saber do jornal, sofá e cama. Amém, igreja?

Não podemos ignorar que uma boa cultura familiar não surge por acidente. Monica Swanson, em seu livro *Raising Amazing* [*Educando maravilhosamente*, em tradução livre][2], afirma que crianças incríveis costumam vir de famílias incríveis, e famílias incríveis não surgem do nada. Então, dedique-se a refletir sobre isso. Se quiser uma dica que aprendi morando aqui, escreva a cultura da sua família e a deixe impressa em algum quadro. Até hoje não fiz isso, mas está na minha listinha de tarefas eternas. De qualquer modo, nossa cultura é bem gritante e visível, e as experiências que vivemos com eles mostram bem isso.

Abaixo, deixo algumas perguntas para ajudá-la a preparar sua cultura — inspiradas pelo livro *The Call of the Wild and Free* [*O chamado dos selvagens e livres*, em tradução livre][3]:

- Quais estilos de vida das famílias à sua volta inspiram você? De que forma essas famílias influenciam a sua visão de cultura familiar?
- Quais comportamentos ou hábitos você não gostaria de replicar na sua casa? Por que esses aspectos devem ser evitados?
- Quais foram as melhores partes da sua infância? E quais foram as piores? Como essas experiências moldaram sua visão de família?

2 Swanson, Monica. **Raising Amazing:** Bringing Up Kids Who Love God, Like Their Family, and Do the Dishes without Being Asked. Michigan: Zondervan, 2023.

3 Arment, Ainsley. **The Call of the Wild and Free**: Reclaiming the Wonder in Your Child's Education, A New Way to Homeschool. Illustrated edition. California: HarperOne, 2019.

- Escolha algumas palavras para descrever sua cultura familiar ideal. Quais valores e práticas ela incluiria?
- O que precisaria ser mudado para você alcançar essa cultura familiar ideal? Quais passos você pode dar para aproximar sua família desse objetivo?
- Como seus filhos têm contribuído para a construção da cultura familiar? De que maneira as características e interesses deles enriquecem essa cultura?
- Como seu marido tem contribuído para a cultura familiar? De que formas o envolvimento dele tem moldado os valores e práticas da família?

VITAMINS
HEALTH

Capítulo 15

UMA CONVERSA SOBRE BELEZA

Feche os olhos e pense na sua infância, no tempo que passou morando na casa dos seus pais ou de quem a criou. Do que você se lembra? Que cheiro vem à sua memória? Qual canto da casa a marcou? Sentia frio ou calor? Quais sons ouvia? Sua casa era clara ou escura?

Sempre que sonho com a minha casa de infância, meu cérebro volta para ela em sua versão antes de a reformarmos, um lugar decorado com o que restava de cada familiar. Depois da reforma, ela ficou linda, mas minha memória se prende ao modelo antigo. Consigo me lembrar do cheiro das panelas no fogão, que nem sempre era agradável, por causa das comidas "naturebas" que saíam de lá. Lembro do cheiro de xixi do cachorro no quintal — o que me causou uma certa repulsa por ter animais em casa — e do piso vermelho de lajota.

Minha casa de infância não tinha beleza, o que não necessariamente tem a ver com móveis caros ou lustres de cristal. Ela era desleixada, um reflexo da visão do meu pai sobre dinheiro — que comento na parte 3 deste livro. Bom gosto e vontade não faltavam à minha mãe, mas foi só lá por volta dos meus 17 anos que pude ver quão talentosa ela era. No entanto, ainda criança, aquilo tudo me incomodava, pois sempre fui muito visual, mesmo sem ter o vocabulário para expressar.

A escuridão de alguns espaços, o jeitinho improvisado, as rachaduras, os copos de requeijão e os pratos descombinados refletiam muito do clima da minha família. Dependendo de com quem nos comparamos, nossa infância pode parecer muito melhor ou muito pior. No entanto, definitivamente não era a que eu teria escolhido para mim nem a que desenhei para meus filhos.

A conversão da minha mãe mudou muito sua maneira de enxergar o lar. Ela passou a usar as "louças das visitas" no dia a dia, servindo o melhor para a família, o que me beneficiou e me permitiu partir para minha própria casa com uma nova perspectiva. Copos de requeijão e potes de sorvete não fariam parte dos meus utensílios; preferia comprar apenas dois copos, a permitir que os padrões antigos se repetissem. Meu coração ardia por um ambiente cheiroso, com um cobertor macio no sofá, tons que combinassem, uma casa que nos abraçasse.

Mesmo tendo só meninos, que são pouco detalhistas e quase nunca reparam em um quadro novo ou numa cadeira em outra posição, sei que seus olhos e suas memórias guardarão a imagem de um ambiente harmônico, não só exteriormente, mas também nos relacionamentos. Planejei uma casa bela, onde as risadas ecoam pelas paredes, as lágrimas se sentam aos pés da cama durante uma conversa mais séria, e os abraços marcam o sofá em dia de filme. Em cada cantinho, penso nos sinais que nosso tempo por aqui deixará, até porque, diferentemente da minha infância, vivida em uma única casa, meus meninos já mudaram meia dúzia de vezes. Todos os lugares em que estivemos, alugados ou não, tentei preencher com beleza e cheiro de lar.

Nunca imaginei que me encantaria por decoração e esse é um dos frutos que a maternidade gerou. O desejo de criar um lar acolhedor, belo e funcional para todos me tirou da zona de conforto. Queria oferecer o que não tive e meu senso estético amadureceu ao longo dos anos. Nossa primeira casa ainda tinha uma parede de cada cor, e meu olhar era cru, mas não desisti. Com o tempo, dediquei-me a isso, sem necessariamente comprar nada de marcas caras. Lembro que uma amiga indicou uma fábrica de sofás na zona leste, o lado oposto à minha casa, mas o produto era de boa qualidade e o preço, tão bom, que sozinha vendi mais de cem sofás para eles.

Cada família prioriza o que pode, e garanto que não é a marca da loja que define o bom gosto. Quantas casas enormes, cheias de vidro e paredes forradas de arte, são frias, quase estéreis, e dinheiro definitivamente não faltou. Muito tesouro se encontra em lojas de usados; reforma-se o que se tem, troca-se o estofado, e tudo é feito aos poucos, mas sem ser deixado de lado.

Mesmo que seus filhos não reparem, não desanime. Quando sonharem com a casa da infância, seus detalhes estarão lá. Várias vezes ouvi, de canto, os meninos concordarem quando alguém elogia nossa casa, ou mesmo dizerem que gostam daqui. O vocabulário para explicar esses detalhes normalmente não vem no "chip" masculino, mas o impacto é o mesmo em qualquer ser humano. Nosso cérebro foi preparado pelo nosso Pai para reconhecer o belo, e podemos comprovar isso ao vermos crianças, adultos, velhos e jovens parados diante do Grand Canyon ou de uma praia paradisíaca do nordeste brasileiro; admirando as cores dos peixes ou contemplando uma plantação de flores. Não precisa entender de arte para ser impactado.

Planejei uma casa bela,
onde as risadas ecoam pelas paredes,
as lágrimas se sentam aos pés da
cama durante uma conversa
mais séria, e os abraços marcam
o sofá em dia de filme.

Os quadros nas paredes, frases bíblicas — tome cuidado, porque penso que, em excesso, elas tornam a casa um pouco cafona —, réplicas de grandes obras, velas na hora do jantar, plantas, tapetes que abraçam os pés, mantas quentinhas para os dias de inverno, todos esses detalhes trazem vida ao ambiente. Por mais humilde que sua família seja, tente separar um orçamento para pratos e louças que combinem. No mercado, há opções ótimas, e atesto que uma mesa bem-posta será responsável por grandes momentos em família — aqui, nós os aproveitamos para ler a Bíblia.

Quando penso na casa dos meus avós, minha memória já é outra. Era um ambiente claro, com uma decoração harmoniosa, e o que mais me marcou foi o fato de sempre haver música clássica tocando ao fundo. Aprendi com eles, e com as aulas de balé, a treinar meus ouvidos para o bom e o belo na música. Em volta da nossa mesa, sempre se ouve uma dessas. Mesmo que eles não prestem atenção, os ouvidos se refinam e o cérebro registra os sons. Talvez, na vez deles, o ritual se repita.

Capítulo 16

UMA CONVERSA SOBRE TRADIÇÕES

Tradições são rituais que repetimos dia a dia, semana a semana, ano a ano. Por mais simples que pareçam, se você parar para analisar, todas as famílias têm as suas. Meu pai chegava todos os dias com um saco de pão quentinho da padaria. Quando éramos pequenos, assistíamos aos Trapalhões todos os domingos, comendo pipoca. Mais velhos, comíamos pizza com meus avós aos sábados, no lugar onde se jogava bocha. Anos mais tarde, pedíamos a mesma pizza na casa da minha mãe.

No Natal, íamos até o Horto Florestal comprar uma árvore natural, e os enfeites eram feitos à mão; os cartões, assinados por cada um de nós. Comemorávamos a véspera na casa dos mesmos avós e, na Páscoa, minha avó nos presenteava com ovos de chocolate personalizados para cada neto, de acordo com o que gostávamos. Esses rituais marcam nossas vidas e contam nossas histórias. São deles que falamos quando reunimos os primos, tios e parentes que estão mais distantes.

Eu tinha uma amiga de infância que vinha de uma família portuguesa muito grande e unida. Conheci poucas pessoas que tinham tantos motivos para se reunirem e se presentearem. Achava curioso que, até no aniversário do irmão, ela ganhava presente. Na Páscoa, o armário da sua casa ficava abarrotado, e quem se deliciava era eu, que me entupia quando passava por lá. Suas tradições giravam em torno da mesa, celebrando qualquer data que aparecesse. Eu os admirava e sentia até uma certa inveja ao ver como preenchiam os finais de semana de forma animada, o que era bem diferente da minha família.

Se algum dos seus pais mudou da cidade natal para começar a vida em outro lugar, você deve saber que parte da família permanece distante, e o lado negativo é não crescer com primos e tios de ambos os lados. Morando fora, não temos nenhum dos dois, mas não vemos isso como motivo para não criarmos nossas próprias tradições, ainda que fosse mais gostoso ter mais pessoas em volta da nossa mesa.

Existem muitas definições de tradições, mas gosto de explicá-las da seguinte forma: tradição é a cultura familiar em ação. Como família, decidimos o que importa para nós, colocamos em prática e celebramos. Conheço uma família que viaja todos os anos com todos os primos de todos os graus para uma semana na praia. Mesmo casados, a maioria se esforça para manter essa tradição e passá-la para as próximas gerações. Um outro casal de amigos é apaixonado por futebol americano, e a família toda segue os calendários de jogos religiosamente.

Esses rituais marcam nossas vidas e contam nossas histórias. São deles que falamos quando reunimos os primos, tios e parentes que estão mais distantes.

Tradição e rotina andam juntas, com a diferença de que seguimos uma rotina para manter a ordem, porque ansiamos saber o que esperar e sabemos que uma casa com hábitos definidos é um lar mais tranquilo. Tradições não precisam ser grandiosas ou escandalosas, e podem ser mais simples do que parecem. Recentemente, li uma reportagem sobre um médico que trabalhava muito e chegava em casa quando as filhas já estavam dormindo. Para que elas soubessem que ele havia passado por lá, o pai desenhava um coração na mão de cada uma. Hoje, adultas, elas contam como sentiam o carinho desse costume.

Cozinhar um prato específico toda semana traz segurança e não deixa de ser uma tradição. Assistir a um filme toda sexta-feira, ler um pouco no final do jantar, ter o momento do beijo duplo na hora de colocar o filho para dormir — tudo isso são tradições.

Embora muitos reclamem das datas comerciais e digam que servem apenas para beneficiar o comércio, eu amo cada uma delas. Morando nos Estados Unidos, temos muitas datas, e todas são um evento marcante, cheio de opções de celebrações. As lojas se enchem de decorações de primavera, Natal, Dia da Independência, outono, verão, formatura. Vejo cada uma como um empurrãozinho para sairmos do modo automático e pararmos para celebrar os marcos da nossa vida. Se não agora, quando?

No meu Instagram, já é sabido que, lá pela metade de outubro, começo minha saga do Natal, minha data favorita. Recebo várias mensagens de mães que não eram acostumadas a celebrar essa data por legalismo de suas igrejas ou porque a família nunca deu importância, mas mudaram sua forma de pensar. Elas vivenciaram a alegria de verem seus filhos aproveitando cada luzinha e presente na árvore, e me agradecem por esse despertar.

Se você não gosta do Natal, está tudo bem, podemos ser amigas mesmo assim. Mas, caso seja cristã, aconselho que não deixe de comemorar a Páscoa, a data mais importante para nós que cremos em Jesus. Não existem tantas opções de decoração para essa época, mas é possível fazer dela um tempo esperado, desejado e muito bem-preparado. Envolva as crianças nesse preparo, crie expectativa, leia livros antes da data, celebre!

Meus filhos pensam que a mãe deles é completamente maluca, porque monto três árvores de Natal em casa — e contando. Por mais que nenhum deles tenha gostado de decorá-las comigo — e eu prefiro, porque sou perfeccionista com elas —, os meninos observam. Quando eu não estiver mais aqui, levarão adiante a memória de que a mãe deles amava o Natal.

Comprar chocolate quente, pegar um cobertor — mesmo que não faça tanto frio na Flórida — e sair para ver as decorações, enquanto ouvimos músicas natalinas, é a tradição da minha família nessa época do ano. Não a criei do nada, mas me inspirei nas vezes em que minha mãe fazia o mesmo quando eu era pequena. Certo ano, uma amiga participou dessa celebração comigo, e sua família aderiu ao costume mesmo depois de se mudarem para outro estado. Se não somos muito criativas, podemos aprender com os outros ou recorrer à internet, onde não faltam ideias.

Além disso, tradições criam memórias positivas durante períodos de tristeza e solidão. Quando fiz um intercâmbio na Austrália, lembrava-me com saudade dos almoços de família, dos churrascos do meu pai, e me agarrava a essas recordações nas horas difíceis. Tradições são uma forma de encher a caixa de memórias que nossos filhos levarão quando saírem de casa. Mas precisamos ser intencionais, pois o tempo está contra nós. Algumas famílias abraçam tradições pela religião que seguem, outras herdaram dos avós, e há também quem nunca encontrou uma tradição de que realmente gostasse.

Entretanto, o lindo de sermos adultos e termos nossa própria casa é poder reescrever a história da nossa família, do nosso jeitinho.

Mesmo não sendo mãe ou pai, tios, avós e parentes podem ser os agentes de memórias incríveis para as crianças. Nunca me esqueci de uma caça ao tesouro que meu tio fez com os sobrinhos durante umas férias no sítio. Quando já estávamos deitados na cama, ele passou de janela em janela, pelo lado de fora, acordando cada um de nós com uma lanterna, uma pá e os cachorros ao lado. Segundo ele, os nossos pais não sabiam que embarcaríamos em uma aventura para encontrar o tesouro escondido. Como eu devia ter uns 6 ou 7 anos, não consigo recordar tudo, mas lembro-me de caminharmos pela estrada de terra, com a adrenalina a mil, sentindo-nos as crianças mais aventureiras do mundo.

Chegando ao pé de laranja, cavamos e encontramos o tesouro: um baú repleto de chocolates — aquelas moedinhas horríveis. Minha memória de quarentona nunca apagou essa experiência e, na medida do possível, procuro fazer versões adaptadas com meus meninos. Na Páscoa e nos aniversários, escondo pistas pela casa. Na última vez, espalhei pelo condomínio, e uma turma se juntou para caçar. Não sei quem vibra mais, eles ou eu.

Minha avó era deficiente física e perdeu a perna depois de ser atropelada por um caminhão dirigido por um bêbado. Com essa limitação, ela não pôde ser uma mãe aventureira nem uma avó superativa. Por necessidade, sua casa era a única que tinha banheira, e a alegria dos netos era enchê-la de espuma, ligar o turbo e ensopar o banheiro. Todos os netos têm essa memória, e talvez fosse sua forma de marcar nossas vidas dentro daquele cenário.

Em um dos meus livros favoritos, *Memory-Making Mom* [*Mãe que cria memórias*, em tradução livre][1], a autora recheia as páginas com ideias incríveis para criarmos memórias com nossas crianças, marcarmos suas infâncias e sermos ativas, em vez de passivas, na arte de criar filhos. A frase clichê "só temos dezoito verões com eles" precisa estar à flor da nossa pele e na ponta da língua, sendo o motor que nos move a criar memórias com nossa turma. Não desanime.

[1] SMARTT, Jessica. **Memory-Making Mom**: Building Traditions That Breathe Life Into Your Home. Tennessee: Thomas Nelson, 2019.

"Prepare a criança
para a estrada, não a estrada
para a criança."

– JONATHAN HAIDT*

* LUKIANOFF, Greg; HAIDT, Jonathan. **The Coddling of the American Mind**: How Good Intentions and Bad Ideas Are Setting Up a Generation for Failure. London: Penguin Books, 2019, [s.p.].

Parte 5

Uma Infância Saudável

Capítulo 17

UMA CONVERSA SOBRE MESA E EVANGELHO

A Bíblia aborda os pilares principais da nossa vida, seja por ordens diretas, como os mandamentos, ou pelos princípios que podemos absorver dos costumes daquela época. Alimentação não é uma exceção, apesar de parecer ser um tema ignorado em muitos meios. Morando nos Estados Unidos, eu me assusto ao notar como a comida se tornou um "deus invisível" que tem adoecido gerações.

Atualmente, 40% dos americanos estão obesos, sem contar os outros tantos que estão acima do peso em níveis diferentes.[1]

[1] Abc News. **Obesity prevalence among US adults falls slightly to 40%, remains higher than 10 years ago: CDC**: The CDC report found almost 10% of U.S. adults had severe obesity. Disponível em: <https://abcnews.go.com/Health/obesity-prevalence-us-adults-falls-slightly-40-remains/story?id=113927451>. Acesso em: 30 dez. 2024.

No Brasil, passamos a copiar os maus hábitos dos gringos, e nossos índices não são animadores. Mesmo em uma terra onde há miséria real, no ano de 2019, constatou-se que quase 27% dos adultos estavam obesos e mais de 60% acima do peso.[2] O choque maior é ver que as crianças estão adoecendo da mesma forma, e a estimativa é que, em 2035, 50% estarão acima do peso ou obesas.[3] Fui atrás de dados para não falar apenas de achismos, mas nem precisava, porque o estrago na alimentação das pessoas é visível.

Desde a escola — que entope as crianças de doces como prêmios e consolos para qualquer atividade — até a alimentação na cantina — onde balinhas de gelatina são tratadas como "frutas" —, as crianças têm suas infâncias prejudicadas. Com exceção da minoria que apresenta alguma questão de saúde, minhas queridas mães, a culpa é nossa, doa a quem doer.

Unindo Bíblia e alimentação, ser o templo do Espírito Santo é uma responsabilidade e um chamado para cuidarmos bem do corpo que Deus nos deu (cf. 1Coríntios 6.19). Acho até um desrespeito tratarmos com desleixo um corpo tão perfeito, diante de milhões de pessoas como minha avó, que não tinha uma perna, cuja saúde prejudicada não era sua culpa. Desperdiçar algo que nos foi dado é uma ingratidão.

Nesse tema, tive uma mãe que acertou muito, apesar de ter exagerado em algumas situações. Sua visão veio de uma família adventista, que dava uma aula sobre alimentação e parecia ter entendido com mais clareza o conceito de sermos templo. Se mamãe tivesse

---

[2] Agência Ibge Notícias. **Um em cada quatro adultos do país estava obeso em 2019; Atenção Primária foi bem avaliada**. Disponível em: <https://agenciadenoticias.ibge.gov.br/agencia-noticias/2012-agencia-de-noticias/noticias/29204-um-em-cada-quatro-adultos-do-pais-estava-obeso-em-2019>. Acesso em: 30 dez. 2024.

[3] Fórumccnts. **WOF lança o Novo Atlas da Obesidade 2024**: metade das crianças no Brasil estarão com sobrepeso em 2035. Disponível em: <https://www.forumdcnts.org/post/atlas-obesidade-2024>. Acesso em: 30 dez. 2024.

Instagram naquela época, talvez viralizasse, quem sabe sendo taxada de doida, mas seria uma referência. Fomos as crianças que cresceram amando salada, a ponto de trocar qualquer prato quente por uma bacia de alface e tomate. Até hoje isso acontece, e nossa saúde agradece. O exagero era enrolar brigadeiro numa mistureba — que era gostosa, mas criança quer granulado — de aveia, granola e afins. Hoje isso é "*cool*" e "gourmet"; nos anos 80, era um mico total — o termo "mico" já entrega quando nasci!

Ensinar uma boa alimentação não é um assunto secundário para cristãos. A forma como nos portamos mostra nossos frutos, mas a maneira como comemos e cuidamos do nosso corpo também testemunha zelo e honra a Deus. Infelizmente, a geração atual foi para os extremos: ou abraçou a obesidade como algo louvável, e não uma doença; ou passou a idolatrar o corpo impecável, sem umas estrias para dar graça.

> Desperdiçar algo que nos foi dado é uma ingratidão.

O que você pensa de alguém que tem descontrole com álcool? Ou de quem não administra seus recursos e vive endividado? Essas pessoas merecem correção em amor, para que o comportamento errado seja tratado e restaurado. No entanto, a alimentação descontrolada parece ser secundária no meio cristão. Com exceção do Pastor Luciano Subirá, que começou a trazer à tona esse assunto, tanto no Brasil quanto aqui, não ouço os púlpitos tratarem sobre esse tema como algo importante para o Evangelho. Talvez porque os próprios pastores não entenderam, ou têm "culpa no cartório".

Em relação à criação de filhos, comer bem é muito mais fácil de ser aprendido desde pequeno, assim como andar de bicicleta ou falar outra língua. Depois de três filhos que amam salada e até brigam por ela, eu sei que não é sorte. Podemos, sim, modelar o paladar das crianças de forma que só existam vantagens. Já aviso que é trabalhoso, mas dificilmente grandes resultados nascem de pouco esforço.

Assim como a maioria das crianças prefere assistir à televisão a ler um livro, achar uma que prefira legumes e salada a um bolo ou um pão é quase como encontrar um ET. Isso se aplica até a nós adultos, então precisamos ter consciência de que a alimentação saudável é um hábito, sim — com exceção de crianças com diagnósticos que impactam essa área. Quanto mais cedo começarmos, mais fácil será, e eles nos agradecerão, como hoje agradeço à minha mãe.

Meus meninos aprenderam a comer salada assim que os dentes nasceram. Porções pequenas, sempre antes da comida quente, separadas e temperadas com sal e azeite. A estratégia é que a criança esteja no auge da fome — se você não permitir que ela belisque o dia todo, isso acontece —, e o primeiro alimento que provará será uma saladinha bem temperada e misturada. A explosão de sabores e frescor cativa qualquer criança que é apresentada — incansavelmente — a isso em todas as refeições, até chegar o momento em que eles imploram por mais salada ou pedem para ficar só nela — prometo, e tenho vídeos provando isso em casa!

Nossa cultura abraçou o marketing e as propagandas que demonizaram, ou tornaram menos interessantes, as comidas naturais, enquanto exaltaram os pacotes, as embalagens coloridas e suas promessas de mil vitaminas e minerais. O paladar foi gradualmente modificado a ponto de existirem crianças que nunca comeram um legume ou verdura, e desconhecem alguns deles — no curso para ser *foster care*[4], descobri isso e desacreditei.

A vida na cidade tem muitos benefícios, e eu não poderia morar muito longe do fuzuê de shoppings e cafés, mas precisamos reconhecer que viver perto da natureza era um dos fatores que contribuíam para a alimentação mais saudável das gerações passadas. Cresci indo

4 Programa de acolhimento familiar para crianças que foram separadas de seus pais biológicos por sofrerem abuso, violência ou negligência.

todos os fins de semana para o sítio no interior, onde aprendi a conhecer o mato, a comer cenoura direto da horta e a me deliciar com o final crocante da alface americana. O pomar do nosso vizinho era um banquete ao ar livre, e chupávamos muita jabuticaba, manga e laranja direto do pé! Algumas manhãs, acordávamos cedo na hora de tirar o leite das vacas, e nossa caneca espumava com aquele creme quentinho que hoje é tão criticado.

Estarmos rodeados pelo que Deus criou é um estímulo direto à forma como nos alimentamos, e as crianças são curiosas por natureza. Quando estão imersas nesse ambiente, brincando descalças no mato, um pé de hortelã se torna um lanchinho rápido, e o estômago se delicia com o que a natureza fornece. Porém, ao acostumarmos a criança ao "falso" sabor, roubamos a chance de seu corpo e língua experimentarem o melhor da criação.

Se a vida na cidade não lhe possibilita isso, leve seus filhos ao mercado. Pode ser um estresse, eu sei bem, mas também uma forma de ensinarmos a origem dos alimentos e de impedir que nossos filhos cresçam como os 17 milhões de americanos que acham que o leite com chocolate vem de uma vaca malhada — sim, é verdade; no dia em que li esse dado, ri alto, mas é triste.[5]

Durante muito tempo, minha cabeça foi contaminada com a ideia de que filhos eram um peso. Quando reformei meu pensamento, passei a aproveitar com eles todos os momentos que poderia ter, encontrando em quase todos algum ensinamento. Durante uma fase muito pequena, talvez com menos de 1 ano, todos os meus filhos queriam ficar perto de mim e ir comigo para qualquer lugar; inclusive achavam que ir ao mercado era muito legal. Em vez de me irritar — porque tudo o que fazemos com crianças é mais demorado —,

5 Cnn Us. **Chocolate milk definitely doesn't come from brown cows – but some adults think otherwise**. Disponível em: <https://edition.cnn.com/2017/06/16/us/chocolate-milk--help-trnd/index.html>. Acesso em: 30 dez. 2024.

passei a valorizar essas ocasiões, principalmente ao perceber que meu primeiro menino já havia saído dessa fase, e que essa janela é muito curta.

Levava o filho da vez para o mercado, íamos papeando, permitia que ele escolhesse as frutas e, muitas vezes, gerenciava o caos promovido por uma criança que tinha um intestino curioso para conhecer *todos* os banheiros mais inusitados e sujos possíveis.

A sorte é que oportunidades existem em todas as fases, e precisei aprender a cozinhar morando nos Estados Unidos — seguidora que rir será bloqueada! Ainda estou engatinhando, mas o lado bom de precisar me virar foi trazer os meninos para a cozinha comigo. Isso é algo que a maioria pode aplicar, afinal, ajuda nunca é demais, mesmo que no começo os ajudantes precisem de direcionamento e instrução. Apesar da sujeira dobrada, essa é a curva de aprendizagem de todos nós.

Desde que eles aprenderam a cozinhar pratos fáceis, como ovos, tapioca e panqueca de banana, vi que era natural, quase incontrolável, a mãozinha solta querendo provar pedacinhos. A Dra. Klazine van der Horst conduziu um estudo que prova minha teoria. Ela dividiu famílias em dois grupos: um em que os filhos e os pais cozinhavam e comiam juntos; e outro em que só os pais cozinhavam e os filhos comiam sem participar. O primeiro grupo comeu 76% mais salada do que o segundo.[6]

Toda quinta-feira, nossa família criou a tradição do "*macaroni night*". Essa foi uma forma inteligente da mãe que pouco cozinha unir duas noites de jantar. Fazemos um volume grande que sobra para o próximo dia, e sexta-feira descansamos, sem precisar ir para o fogão. Nesse dia, eles adoram participar. Coloco uma playlist italiana,

---

6 NESTLÉ. **Crianças que cozinham comem mais verduras, revela um estudo da Nestlé**. Disponível em: <https://www.nestle.com.br/media/pressreleases/criancas-que-cozinham-comem-mais-verduras-revela-um-estudo-da-nestle>. Acesso em: 30 dez. 2024.

um monta a mesa, outro corta e frita o bacon, outro faz a salada e todos beliscam macarrão cru sentados na bancada. Meus filhos se lembrarão disso para o resto da vida e, nesse processo de cozinhar, eu os vi provarem cebola crua, cebolinha, salsinha e rúcula como se fossem balas. Além de todo o ganho alimentar, essa é uma hora de muitas conversas, contação de histórias e conexão. Toda oportunidade de tempo juntos é preciosa, lembre-se disso!

Não podemos ignorar também o fato de que os hábitos alimentares dos pais obviamente influenciam a forma como as crianças responderão à comida. Nunca me esqueci de uma menina que conheci e que amava ovo. Porém, de tanto ver o pai desprezar com nojo esse alimento, ela passou a também rejeitá-lo.

Mesmo que você seja uma adulta restritiva para comer, sugiro que se esforce por três motivos: (1) para evitar que um médico a obrigue a fazer isso pelo bem da sua saúde, já que, com o passar dos anos, será cada vez mais difícil implementar esse hábito — quanto mais velhos, mais teimosos nos tornamos; (2) porque seus filhos a observam, e nós os moldamos — só isso já vale o esforço! (3) Essa é uma forma de adoração a Deus.

Por falar em médico, aqui em casa, comida muitas vezes serve como remédio, porque sabemos o poder restaurador que uma boa

Os hábitos alimentares dos pais obviamente influenciam a forma como as crianças responderão à comida.

alimentação tem. Então, quando meu filho reclama de comer brócolis, deixo claro que, se ele estivesse doente e precisasse de medicamento, não teria opção; legumes funcionam da mesma forma. Encare como remédio, algo bom para seus "soldadinhos".

Abençoados soldadinhos que criamos como conceito para explicar de forma lúdica o sistema imunológico. Por mais leigos que sejamos, as crianças aprendem ao visualizarem os soldadinhos se alimentando, lutando para a pele cicatrizar, fazendo faxina no cérebro na hora do sono, ganhando força quando os meninos tomam sol ou andam descalços. Use e abuse dessa ilustração. Até eu penso neles quando como um McDonald's: imagino os coitados enjoados e lentos, enquanto tentam fazer a digestão daquela deliciosa gororoba.

Aqui em casa, não fazemos cardápios individuais, pois cozinhar um prato específico para cada um é o mesmo que tratar o lar como um restaurante, e a mãe como funcionária. Queremos filhos que aprendam a comer o mais variado possível, e o mundo será mais fácil para eles se tiverem essa flexibilidade. Sabemos que o que oferecemos de alimento é saudável e necessário para o seu crescimento, mas não podemos prever o que o futuro reserva para eles, por isso desejamos que saibam se adaptar às diferentes realidades.

Esse é um dos motivos pelos quais a geladeira e a despensa em casa não são totalmente acessíveis. Sei que isso pode parecer duro, mas entendemos que o acesso irrestrito à comida para crianças que ainda não sabem ter domínio próprio, e que nem sempre fazem boas escolhas, pode ser tão perigoso quanto dar a elas uma arma, um carro ou uma faca. Essa liberdade pode machucá-las e causar danos à sua saúde.

Os meninos entenderam que precisam pedir quando querem algo e já sabem os horários de lanche. Mesmo nas férias, quando sou bem mais flexível e libero um sorvete — de fruta, ok? — quase que diariamente, eles vêm pedir autorização. Acho ótimo, e só tenho visto resultados positivos, que impactam sua saúde e treino de obediência.

O momento de flexibilizarmos, tanto no cardápio — ainda mantendo certas regras — quanto na escolha, é quando vamos a um restaurante, em festas, em refeições com os avós e tios ou em situações atípicas. Morando fora, temos muitas dessas exceções, e não quero que pareça que vivemos em um lar engessado, porque não é assim. Sou fã de celebrar marcos, boas notas e superação de desafios com um cardápio fora do costume ou com um sorvete no meio da semana. Sei que, por existir a regra, quando ela é quebrada, tem um gostinho ainda mais saboroso!

Entretanto, em casa, seguimos o combinado. Além de todos os pontos apresentados, acreditamos que, dessa forma, moldamos o olhar dos nossos filhos para honrar a comida na mesa. Para garantir maior sucesso, manter a rotina alimentar é essencial. Não conheço outro segredo, e confesso que a maioria das pessoas que reclama da má alimentação dos filhos, na verdade, permite que os petiscos roubem a fome da criança.

Aqui nos Estados Unidos, é uma loucura ver a quantidade de crianças com saquinhos na mão, sempre petiscando algo, quase como se comer fosse um brinquedo que as entretém. Um livro incrível que amei, chamado *Crianças francesas comem de tudo*[7], conta sobre uma norte-americana que passou uma temporada na França e percebeu como a alimentação de seu país era apresentada e gerenciada da forma errada. Ela diz que os veículos aqui são desenhados com diversos porta-copos por causa do péssimo hábito que as pessoas têm de passar nos drive-thru e encher o carro de pacotes e frituras. Os carrinhos de bebês e cadeirinhas são mais um exemplo disso,

[7] Le Billon, Karen. **Crianças francesas comem de tudo**: uma família se muda para a França e aprende 10 regras de ouro para criar filhos saudáveis e felizes à mesa. Trad. Renato Marques de Oliveira. 1 ed. São Paulo: Alaúde, 2013.

repletos de porta-coisas, porque muitos pais pensam que seus filhos não podem aprender a esperar um pouquinho até chegarem em casa para comer, e os entopem de processados.

Criança que belisca não se sentará no cadeirão com apetite para um prato de legumes ou sopa. Além de perder o paladar, ela estará com o estômago meio cheio, o que se torna um ciclo: a mãe alimenta para encher só a outra metade do tanque, ou, diante da negativa do filho à comida, oferece alguma alternativa. Em breve, aquela criança terá fome de novo, e mais um lanchinho entra em cena, roubando novamente o espaço do alimento saudável.

Como mãe de três filhos com paladares e tamanhos de fome diferentes, posso lhe garantir que rotina de alimentação é algo que nos ajuda muito. Meu filho do meio sempre deu muito trabalho para se alimentar, desde bebê. Percebi que ele era a típica criança que não podia comer nem um farelo de pão, pois isso atrapalhava na hora da refeição. Passei a espaçar ainda mais os horários das refeições e fui muito firme em não deixar que os aperitivos entrassem em cena. Até hoje, ele ainda demora ao comer comida quente, mas está na linha de frente para lotar o prato de salada e come um balde de melancia em uma sentada. Estou satisfeita.

Sabemos que eles crescerão e desenvolverão seu próprio paladar. Eu mesma não como vários alimentos que minha mãe nos oferecia, mas substituí por outros tão bons quanto ou aprendi a prepará-los de outra forma. Ainda assim, agradeço a base alimentar que recebi, e tenho feito o mesmo com os meus meninos. Se, quando crescerem, decidirem se entupir de porcarias, minha paz está garantida. A direção foi dada, o filtro feito, e eles colherão os frutos das próprias escolhas.

Hoje, com eles maiores, principalmente meu pré-adolescente que sempre foi fácil de alimentar, deixei a geladeira mais acessível, porque ele precisa consumir mais calorias com a rotina de esporte que tem. Mesmo assim, procuro oferecer o alimento mais saudável e nutritivo possível, já que as porcarias estarão sempre disponíveis na escola e na rua.

André veio de uma casa diferente, e lembra-se de uma fase da vida em que estava bem acima do peso. Desde então, não conseguiu se livrar de parte da gordura daquela época. Sua alimentação era diferente da que tínhamos na minha casa, e claramente seus resultados foram distintos. Por isso, essa temática é do domínio da mamãe.

Agora, sobre deixar comida no prato — uma polêmica da nossa geração — aqui enxergamos essa atitude da seguinte forma: isso só é permitido em casos de doença, quando a criança claramente não está bem; ou se largam alimentos menos saudáveis, porque realmente não faço questão que comam toda a batata frita ou cachorro--quente — pelo contrário, quanto menos, melhor.

No entanto, obviamente, não permitimos que tratem qualquer comida com desleixo ou descaso, provando e jogando fora, sem respeito a quem fez ou pagou. Sorte deles que o pai tem pavor de ver alimentos indo para o lixo e sempre termina de comer o que restou — talvez aí esteja a resposta dos quilos que nunca foram embora (risos). Além disso, não obrigo que raspem o prato quando sei que se serviram com mais comida do que são capazes de comer, pois isso é exagero e gula. Mesmo assim, nunca sem uma boa lição de moral.

Nas muitas situações em que meus filhos fizeram birra e se negavam a comer, eu tirava o prato da mesa e o guardava. Eles não comeriam nada até a próxima refeição, e aquele prato estaria aguardando. Claro, muitas vezes deixei passar, porque aqui não é um quartel--general, e há dias em que preciso escolher as batalhas. Porém, se você perguntar para eles, a regra é o que está na memória, e o meu caçula foi o que mais comeu comida requentada por causa de suas birras. Aprendeu a lição.

Criança que belisca não se sentará no cadeirão com apetite para um prato de legumes ou sopa.

Pode parecer papo de maluco, mas há inúmeros casos de crianças que tiveram seu comportamento alterado por causa da alimentação. Um dos casos que não sai da minha cabeça é de uma mãe gringa cujo filho estava descontrolado, mesmo que utilizassem todas as técnicas possíveis para acalmá-lo. Até que, em clamor a Deus, ela recebeu a orientação de investigar alergias alimentares. Depois de dois dias sem glúten, e após remover outros itens alergênicos que podem prejudicar o sistema neurológico, o filho acordou com um sorriso no rosto e um humor que não aparecia há mais de dois anos. Não só seu comportamento mudou, como também o sono, o que trouxe benefícios em cadeia para outras áreas de sua vida.

Não quero me alongar nesse tema, porque hoje não falta material e informação gratuita sobre o assunto. Apesar de não ser especialista, graças à minha criação, pude começar adiantada na jornada alimentar dos meus filhos, e desejo de todo coração que os cristãos — e não cristãos também — percebam a importância de olhar com carinho para essa área. Às vezes, tenho a sensação de que diversas mães se empenham muito para ter um parto incrível e saudável, prolongam a amamentação exclusiva, cuidam para não expor os filhos às telas, zelam pelas primeiras papinhas orgânicas e nutritivas, mas, conforme eles crescem um pouco, "soltam a corda", como se o hábito alimentar não fosse tão importante assim.

Capítulo 18

UMA CONVERSA SOBRE VIDA AO AR LIVRE

Enquanto partia para a décima tentativa de tornar minha garagem menos constrangedora, e assoprava — aqui nós assopramos tudo para a glória, e seja o que Deus quiser — a poeira acumulada debaixo do calor úmido de uma Flórida em agosto, recolhia bolinhas de pingue-pongue, pisava em restos de isca de pesca, juntava algumas bolas, pregos e ferramentas, comecei a refletir sobre a vida ativa dos meus filhos.

Mesmo que aquele espaço se encontre na escala 9/10 de coisas que me irritam e que são motivos de discussão entre meu marido e eu, sei reconhecer que, aqui nos Estados Unidos, muitas garagens como essa são salas de TV, de videogame ou qualquer espaço que sirva para crianças ficarem dentro, e não fora. A nossa é o oposto:

permanece aberta, repleta de "entra e sai", e a mesa de pingue-pongue é o abrigo da prancha que usamos para navegar nos rios do nosso estado, junto com a tenda de acampar e os itens de caça. Graças a Deus por isso! Apesar de ser desafiador ter crianças com "formiga no bumbum" e energia na Lua, esse é o tipo de infância que desejávamos oferecer a eles.

Deixei essa pauta na sequência do tema "alimentação" porque eles caminham bem juntos. Uma criança ativa, que pratica esportes, sobe em árvore, corre, anda de bicicleta, escala o parquinho e gasta energia, também tem fome, alimenta-se e dorme bem, desenvolve músculos, coordenação, força e, aliás, torna-se resistente à dor e aos ralados da vida. Tudo isso impacta em sua autoestima.

Quando Paulo nos alerta, em 1Coríntios 6.19-20, sobre cuidados físicos, ele não se limita a atos de imoralidade sexual, mas se refere a toda forma de pecado que cometemos contra nosso corpo ou quando deixamos de tratá-lo da forma adequada.

Desde bebês, os meninos são muito ativos. Durante muito tempo, refletíamos se isso era uma característica deles ou fruto do nosso estímulo. Hoje, tendemos a acreditar que é uma soma, mas com o estímulo tendo um peso maior. Talvez porque nós dois fomos criados sendo desafiados: eu sempre meio "menina moleca", e André... Prefiro não comentar o que ele aprontou. Por isso, para nós, seriam normais certos tipos de riscos e tombos que nossos filhos tomariam. Não somos assustados ou apavorados, exatamente porque fomos essas crianças e sabíamos quais perigos eram aceitáveis e quais eram preocupantes.

Apesar de ser desafiador ter crianças com "formiga no bumbum" e energia na Lua, esse é o tipo de infância que desejávamos oferecer a eles.

Temos vídeos dos meninos, desde muito pequenos, escalando parquinhos, camas, subindo nos batentes das portas, andando a cavalo e trepando em todas as árvores possíveis. Aliás, arrisco dizer que, por onde passam, despertam a infância "raiz" nas crianças ao redor. Já perdi as contas de quantas experimentaram a aventura de subir em árvores depois de brincar com eles.

O que mais me assustou quando começamos a conviver em outros lugares, seja no Brasil ou aqui nos Estados Unidos, foi notar como os adultos se espantavam ao ver uma criança sem sapato, jogando bola na rua ou escalando árvores. Em que momento da história se perdeu esse tipo de infância? Quantas gerações apagaram a normalização de uma infância "raiz"? Confesso que não imaginava que isso seria um problema, até que uma senhora querida, nossa vizinha na primeira cidade norte-americana em que moramos, disse que algum vizinho poderia nos denunciar ao governo por maus-tratos, porque os meninos andavam descalços. Eles carinhosamente a apelidaram de "*Where are your shoes?*" ["Onde estão seus sapatos?"], a primeira frase que saía de sua boca ao encontrar os três.

Meu segundo susto aconteceu quando eu os levei a uma pediatra, logo nos primeiros meses aqui. Ao atender o primeiro dos três, ela pediu que ele respondesse sem minha interferência e perguntou o que eram aquelas marcas e ralados em suas pernas. Sim, meus filhos vivem com hematomas e arranhões, e têm uma coleção de cicatrizes. Demorei alguns segundos para entender o que acontecia ali e, graças a Deus, o inglês deles já estava bom para responderem sobre a infância linda que têm vivido. Quando a médica examinou os outros dois, relaxou e percebeu que não eram maus-tratos, pelo contrário, eram marcas de crianças cheias de vida.

Sou muito feliz em saber que, pelo menos num círculo muito pequeno, nossa família pode encorajar e apresentar às crianças de fora uma vida com menos medos, mais liberdade, com coragem para assumir riscos, com o entendimento de como a natureza funciona e com o proveito deste período tão curto. Se você encontrar meu filho caçula, será bem provável que ele tenha pelo menos uma lagartixa na mão. Com uma técnica avançadíssima e anos de experiência, ele aprendeu a coletar esses bichos por aí e introduziu muitas outras crianças no mundo dos animais.

Além disso, cremos que a autoestima pode ser trabalhada com esportes e aventuras. Dentro dessa visão, existem regras que preciso deixar claras, porque percebo uma certa confusão em alguns pais, principalmente homens, ao separar o que é aventura e meninice de maldade e falta de respeito.

Um dos motivos de incentivarmos nossos filhos a aprenderem modalidades de lutas é ensiná-los a caírem e a se defenderem. Infelizmente, muitas escolinhas distorcem esse conceito, alimentadas por pais mais encrenqueiros. Por conta disso, deformam o objetivo final do esporte, plantam em meninos pequenos um sentimento de superioridade e incentivam a violência. Para nós, o jiu-jítsu foi ótimo ao ensinar-lhes disciplina e, principalmente, a maneira certa de cair. Vários tombos dos meninos foram amortecidos pela técnica que aprenderam.

Penso também que o contato com os animais ajuda a construir sua masculinidade. Porém, quando a criança começa a se relacionar com qualquer bicho, ainda muito pequena, é comum vermos a cena do bebê puxando o rabo do cachorro e testando suas reações. Desde muito novos, somos firmes em relação a não maltratar animais, mesmo que, na cabeça da criança, pareça carinho. João era o terror das três pinschers que minha mãe tinha na roça, e as pobrezinhas corriam quando ele aparecia no horizonte.

Demorou para modelarmos sua força e maneira de tratar os bichos, e víamos que, muitas vezes, a curiosidade de ver o que acontecia ao derrubá-los ou apertá-los se manifestava. É então que mãe e pai precisam ser muito firmes na correção, deixando claro que essa postura é uma infração muito grave e inaceitável! Uma das características de mentes criminosas é ter prazer em ver o sofrimento alheio, e isso começa com animais. Portanto, na dúvida, não deixamos esse comportamento passar de forma alguma.

Apesar disso, devemos ter cuidado para não nos prendermos ao extremo oposto, que tem sido muito disseminado pelos ideais feministas atualmente. Por gerações, homens mataram cobras e baratas para proteger mulheres histéricas berrando em cima da mesa, e isso não deve ser apagado ou demonizado. Mesmo que eu não tenha medo de nenhum dos voadores, recuso-me a matá-los com quatro homens em casa. Assim, aproveito para modelar a coragem e o senso de proteção dos meninos.

Caso você tenha filhas, não é fraqueza alguma ensinar a elas os detalhes de uma sabedoria feminina, mesmo que sejamos completamente capazes de abrir a tampa do molho de tomate ou de espirrar inseticidas em baratas. Se, neste momento, você se contorceu na cadeira de incômodo, aviso que os tentáculos dessa ideologia "anti-homem" podem ter se enraizado em seu coração sem que percebesse. Além disso, se você é cristã, sua cosmovisão talvez tenha sido afetada. Infelizmente, muitas casas com figuras maternas fortes — como me considero ser — abafaram e apagaram o lugar do pai, suas ideias malucas e arriscadas, e o instinto masculino que nunca teremos. Por isso, deixem o pai ser pai, observem a delícia do complemento de um casamento e a influência na vida dos filhos.

Meus meninos também têm se aventurado no mundo dos camuflados. A primeira caça foi uma codorna, já pulando na segunda para um belo javali do mato. Toda a arte de caçar é feita de uma forma respeitosa e que não cause sofrimento além do mínimo necessário ao animal.

Homens sempre caçaram, trabalharam em açougues, pescaram e, enquanto lidavam com a morte, proveram para suas famílias. Como aqui nos Estados Unidos a caça é uma tradição legalizada e bem-organizada — por temporada, com licença e controle — os pais norte-americanos ensinam e passam essa prática aos filhos.

Caso você tenha filhas, não é fraqueza alguma ensinar a elas os detalhes de uma sabedoria feminina.

Para nós, brasileiros, que estamos distantes dessa realidade, assim como do mundo das armas, pode ser um choque. No entanto, quando desmistificamos e vemos esse hobby de perto, percebemos que a humanidade chegou até aqui caçando, e que a carne do mercado não surge na prateleira por milagre divino — mesmo que você não seja fã de presenciar o banho de sangue, como eu também não sou.

Capítulo 19

UMA CONVERSA SOBRE AVENTURAS

"Vocês comeram o quê?!".

No meio das montanhas de um parque nacional da Geórgia, Mateus, com seus 9 anos, e Theo, com 8, decidiram comer um verme "igual ao moço do vídeo que sobrevive na floresta". Sim, é isso mesmo o que você leu! Enquanto André e eu cuidávamos das tarefas necessárias para uma viagem de *motorhome*, e João brincava com outras crianças no parquinho à nossa frente, meus dois pequenos exploradores se divertiam em meio às folhas de outono, entretidos com conversas só deles.

Eu os observava de longe para conferir se estava tudo bem, porque, como uma boa mãe criativa, as cenas de filmes de suspense — nos quais um doido que mora em algum *motorhome* sequestra pessoas — não saíam da minha cabeça. Estávamos prontos para o próximo destino e reunimos a turma, até que ouvimos Mateus comentar sua peripécia.

André ficou sem reação e, internamente, eu ria das perguntas trágicas vindas do pai, preocupado de verdade com o resultado dessa ideia: "Mas pelo menos vocês mastigaram ele? Não!? Ah, meu Deus! Como não?! Quer dizer que tem um verme vivo na barriga de cada um de vocês?". "Dois na do Mat...", respondeu Theo timidamente.

Costumamos ser muito tranquilos em relação a 99% das bobagens que eles fazem, mas, daquela vez, André ficou levemente apavorado — possivelmente porque conhecia alguém que adquiriu um verme no cérebro depois de ter comido não sei o que na infância. Mandou os meninos engolirem litros de água, pensou em comprar remédio para verme, em forçar vômito... rodou, rodou e se acalmou, talvez pela minha reação. Dentro de mim, ativou-se o modo Espírito Santo e seu radar. Não me peça para explicar racionalmente, mas eu não estava preocupada e sabia que nada de ruim aconteceria.

Os dois choraram de nervoso e de vergonha quando se deram conta da burrice que cometeram, principalmente porque o irmão de 5 anos reforçava repetidamente: "Nem eu, que sou pequeno, comeria isso. Se eu estivesse lá, nunca teria comido!". O fato é que a lição ficou, e foi ótima. O que os levou a fazer aquilo foi aquela boa e velha armadilha masculina de "duvido você comer isso", típica entre irmãos.

Já na estrada, aproveitamos para falar exatamente sobre essa necessidade de provar algo aos outros, e como isso pode se tornar uma tragédia. Muitos entram em caminhos tortuosos para provar aos pares sua masculinidade, sua ousadia ou qualquer outra coisa boba de adolescente. Aqui, o papo é claro sobre isso, e drogas já são um tema conhecido no vocabulário deles. Penso que meus pais tinham tanto medo de que os filhos se envolvessem com drogas, que colocavam terror nesse tema. Funcionou, já que, de quatro filhos, nenhum nunca encostou a boca em um cigarro de maconha, e nem havia Deus na história.

De qualquer modo, se compararmos as aventuras dos meus filhos aos sustos que meus irmãos, primos e marido deram em suas famílias, considero que estamos no lucro. Hospital já é nosso conhecido por alguns pontos, suspeitas de ossos quebrados e, no pacote, uma apendicite — nesse caso, sim, meu sexto sentido materno foi ativado, mesmo que meu filho reclamasse apenas de uma leve dor de barriga.

Uma das histórias mais cômicas, que me fez gargalhar de nervoso, foi quando os pequenos radicais fizeram de um pedaço de madeira um escorregador. João desceu primeiro, de barriga, e pela graça e livramento de Deus, não aconteceu nada. Os dois seguintes desceram sentados. Enquanto eu estava no banheiro arrumando algo, vi duas figurinhas chegando com a mão no bumbum, choramingando de dor.

Ambos foram empalados nas bandinhas fofinhas por farpas de madeira mais grossas. A pele enrugou e não adiantava puxar para tirar. Liguei para André, rindo de nervoso com a cena de dois meninos deitados de barriga para baixo, imobilizados. O mais cômico foi quando o pai entrou com ambos no hospital, sozinho, por ser época de covid-19, e teve de explicar a situação. Alguns pontos depois, e mais uma bela conta em dólares para a memória, eles voltaram para casa.

No livro *The Coddling of the American Mind* [*A superproteção da mente americana*, em tradução livre][1], Jonathan Haidt aborda o impacto que o comportamento excessivamente protetor dos pais tem sobre o desenvolvimento psicológico das crianças e jovens. Haidt e seu coautor, Greg Lukianoff, argumentam que muitos pais têm medo de tudo: de que seus filhos se machuquem fisicamente, de que

[1] LUKIANOFF, Greg; HAIDT, Jonathan. **The Coddling of the American Mind**: How Good Intentions and Bad Ideas Are Setting Up a Generation for Failure. London: Penguin Books, 2019.

passem por dificuldades emocionais ou de que enfrentem experiências desagradáveis.

Esse medo constante gera uma superproteção que rouba das crianças e adolescentes a oportunidade de desenvolverem resiliência, enfrentarem desafios e lidarem com frustrações de maneira saudável. Segundo Haidt, essa atitude contribui para a formação de uma geração mais insegura e menos preparada para enfrentar os problemas da vida real. Os autores discutem como essa cultura de proteção excessiva pode, paradoxalmente, aumentar os níveis de ansiedade e sofrimento mental nos jovens, em vez de protegê-los.

Muitos pais que não tiveram um tipo de infância mais livre, talvez por conta da vida em apartamentos nas grandes cidades, não têm ideia do quanto a vivência dos nossos avós era saudável e necessária. Nenhum progresso e tecnologia pode substituir terra, natureza, bichos, ralados e roupa rasgada. Minha mãe carregava esse princípio de modo tão latente que, no minúsculo quintal que tínhamos, havia um tanque de areia adaptado — que, às vezes, era visitado pelos gatos da vizinhança. Lembro-me de sermos pequenos e, assim que acordávamos, ela já enxotava todos os filhos para brincarem na areia e tomarem o sol da manhã, vestidos apenas com shorts. Nos dias de calor, podia rolar água, lama, e muita "vitamina S".

Ao longo da nossa vida nos Estados Unidos, vivemos um conflito: morar na cidade grande, que nos oferece facilidades, comunidade, amigos batendo à porta, mas repleta de chatices, típicas de qualquer lugar onde moram muitas pessoas; ou morar num local mais isolado, com terra — sonho do André — para os meninos terem ainda mais vida livre, animais, horta e pomar. Por enquanto, ficamos na cidade e permitimos que Deus nos use para influenciar outras famílias com nossa forma de viver. Já pudemos

Nenhum progresso e tecnologia pode substituir terra, natureza, bichos, ralados e roupa rasgada.

presenciar meninos e meninas perdendo seus medos de pisar na grama descalços, aprendendo a não fazer um escândalo a cada picada de formiga e se apaixonando pela tediosa e necessária vida de pescador.

Sei que a realidade do Brasil é diferente e não quero ser injusta mediante cenários distintos, mas desejo encorajá-la a repensar, sair do automático, e quem sabe ousar e mudar os planos para oferecer aos filhos uma infância memorável. Talvez, o projeto de compra daquele super-mega-apartamento custe tanto tempo e esforço que resulte em menos tempo com os filhos. Talvez, uma casa mais distante, porém com um jardim maior, seja uma opção a ser considerada. Talvez, nada disso seja possível, mas, aos fins de semana, você possa ser intencional em abandonar a vida de sofá, filmes, séries e se jogar em um parque, fazer uma caminhada ou visitar uma cidade do interior.

Era o que fazíamos quando morávamos em nossa primeira casa, no Brasil, que mais parecia um pequeno prédio. Não tínhamos quintal e percebemos que era uma casa para adultos, não para crianças. Enquanto não era possível mudarmos nossa realidade, passeávamos pelo bairro — apenas nas ruas mais movimentadas, e tomávamos todo o cuidado que um morador de São Paulo sabe que precisa tomar —, levávamos os meninos até a pracinha capenga com escorregador enferrujado, íamos ao parque Villa-Lobos e, nos dias de chuva, infelizmente, só o shopping salvava como lugar para queimar a energia dos três meninos. Em muitos momentos, íamos de carro conhecer uma cidade próxima do interior, passar o dia, explorar e tentar oferecer a eles oportunidades de diversão que não envolvessem telas e passividade.

Na pandemia, notamos a mudança na mentalidade de várias famílias que receberam um chacoalhão. Muitos saíram do modo automático ao perceberem que dinheiro e carreira não são tudo, e que, talvez, desacelerar tenha muitos benefícios que salário nenhum compra. O êxodo para o campo aconteceu com vários conhecidos e amigos, e dessa vida eles não querem mais sair. Perceberam seus filhos desabrochando, encantados com a simplicidade de uma rotina mais lenta, com menos trânsito e tecnologia.

Quando nascemos no meio frenético de uma cidade como São Paulo, nem pensamos na possibilidade de outros meios de vida. Todo aquele estilo consumista entra em nossas casas sem que percebamos e, quando nos damos conta, nós nos endividamos para que nossos filhos estudem no colégio frequentado por altos executivos — que, para muitos, torna-se apenas outro meio de fazer mais dinheiro —, compramos marcas caras e nos preocupamos em pertencer.

Morando fora, nossa mentalidade mudou muito, e quase não lembramos mais o que é essa pressão social do “ter e parecer”. Aqui, os aniversários são nos parquinhos, com mães vestidas praticamente com a roupa que usaram na academia — essa parte eu acho desleixo demais, mas retrata a realidade da cultura —, abrindo umas caixas de pizza, oferecendo sucos em caixinhas e bolo colorido do mercado. A leveza de não precisar se provar e de não ver seus filhos crescendo com essa distorção de visão é um alívio e uma bênção.

Não mudamos a cultura de um país, mas podemos influenciar as pessoas ao nosso redor. Infelizmente, muitos pais cristãos estão com suas lentes embaçadas e sujas, permitindo que ideias e valores não bíblicos determinem sua forma de caminhar por esta Terra. Em vez de estudarem, dedicarem-se a esse projeto tão especial e criarem filhos que reflitam a Cristo, eles copiam o mundo, preocupados com que suas crianças se adequem ao padrão.

E aqui é preciso muito cuidado, porque existem os fariseus, os pais sem sabedoria e presos em legalismos bobos. Eles criam “mini crentes” de aparência, pois, na verdade, seus filhos apenas desempenham um papel que aprenderam a interpretar: sabem versículos de memória, mas são esquisitos e julgadores dos outros; não conseguem falar de assuntos seculares e permanecem tão presos aos "não pode" que se tornam chatos e afastam as pessoas, em vez de atraí-las. Esse equilíbrio de criar filhos para serem luz do mundo e sal da Terra (cf. Mateus 5.13-16) é uma arte que vem através de muita oração, sem nos esquecermos do que Jesus nos mandou fazer: amar a ele e ao próximo (cf. Mateus 22.37-40).

Minha maior crítica aos pais que, na melhor das intenções de proteger os filhos das influências do mundo, proíbem filmes, músicas e companhias, é que a proibição nunca vem acompanhada de uma substituição. Se uma mãe não quer que sua filha use uma blusa *cropped* com a barriga de fora — maldita moda que fez as lojas cobrarem mais por menos pano; oremos para que suma! —, concordo totalmente, mas o que ela tem oferecido como alternativa de roupa bonita, sem que a filha fique infantilizada ou até mesmo seja motivo de zombaria pelos outros? Temos pensado em opções para que nossos filhos não se sintam esquisitos? Nesse sentido, não falo sobre marcas caras, mas sobre encontrar um meio-termo. Dessa forma, você demonstra que se importa, sim, que sua menina esteja bonita e bem cuidada.

Se não quer que seu filho vá ao cinema com os amigos e veja filmes inapropriados para sua faixa etária, está tudo bem. Em vez disso, que outra programação você pode propor para que ele não pense que o cristianismo se limita ao "não"? Quantos cinemas você tem frequentado com seus filhos, peças de teatro, passeios de bicicleta, jantares juntos, viagens ou algum tipo de aventura?

É muito mais fácil, e parece até seguro, apenas dizer "não" e mantê-los em casa, debaixo dos nossos olhos. No entanto, isso pode revelar uma preguiça que existe em nós, pais. Cansados de toda a pressão e problemas da vida adulta, empurramos com a barriga o que o tempo jamais devolverá. Aventurar-se dá trabalho, nem sempre queremos, e mexe com nossa zona de conforto. Um casal aventureiro por natureza talvez estranhe essa fala, mas a personalidade de quem é sério, avesso a riscos e sistemático, perturba-se ao pensar em tanto esforço.

Cansados de toda a pressão e problemas da vida adulta, empurramos com a barriga o que o tempo jamais devolverá.

Existem muitas programações e experiências maravilhosas que podemos fazer com nossos filhos para mostrar que existe adrenalina, felicidade e graça em uma vida fora de bebedeira, balada louca e pornografia. André sempre diz aos meninos que seu pai nunca fez uma programação com ele, e pode contar nos dedos as vezes em que tinha a sua presença em alguma atividade. Não ter seu pai por perto foi o que o motivou a ser um pai diferente: o maior inventor das ideias mais malucas junto com os meninos. Desde a época em que morávamos no Brasil, ele tentava proporcionar memórias e experiências para eles, como andar de Opala barulhento para ver o sorriso no rosto dos filhos, explorar o meio do mato quando íamos para a roça, ou fazer trilha de bicicleta na pista de terra do parque.

Enquanto nos preocupamos com a segurança e o bem-estar dos nossos filhos, também somos entusiastas em permitir e incentivar aventuras que entendemos como saudáveis. Nos Estados Unidos, as janelas de oportunidade se abrem, e os meninos aprenderam com o pai a caçar, atirar, usar todos os tipos de facas, dirigir no meio do mato, acampar em barraca, andar de *buggy* e moto, fazer fogueira e participar de toda uma lista de atividades radicais masculinas, que deixariam muitos pais e mães de cabelo em pé.

Crianças — principalmente meninos — precisam experimentar a sensação de frio na barriga, testar os limites, arriscar-se, e encontrarão uma maneira de viver isso, quer nós aprovemos ou não. Então, preferimos oferecer oportunidades e prepará-los para essas emoções. Se você conversar com homens que foram meninos nos anos 1980, a maioria terá histórias malucas, inclusive o pai dos meus filhos. Eu cresci subindo no telhado de casa e fazia isso com o pé nas costas, mas o nível de adrenalina que André procurava beirava a insanidade. Provavelmente, se o pai dele tivesse canalizado essa energia em atividades mais seguras, ele não teria aprontado tanto.

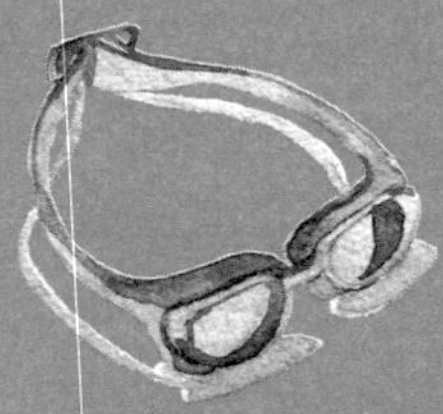

Capítulo 20

UMA CONVERSA SOBRE O USO DE TELAS

Quando nosso caçula nasceu, os dois mais velhos permaneceram na casa dos avós durante o período de maternidade. Meu coração estava dividido e ansioso com o momento do encontro, dos filhos se conhecendo e das pérolas que presenciaríamos e que seriam contadas para as próximas gerações. O pai sacou o celular para filmar, e a cena que vi era dos meus dois maiores, cada um com seu iPad envolto na capinha azul, esperando o bebê ser trazido no carrinho. Ele entrou no quarto com a enfermeira, embalado como um pacote de presente, e ouviu-se uma voz ao fundo: "Vai lá ver o seu irmão!". Eles largaram os iPads, chegaram perto, olharam o bebê, fizeram um carinho nele e, menos de um minuto depois, voltaram correndo para as telas e seus joguinhos educativos. "Fom, fom, fom...".

Quando me lembro dessa cena e de outras com o mesmo comportamento, eu me contorço de nervoso ao pensar quão alienada ainda era, se comparada ao que sei hoje! Graças à internet, ao Instagram e ao meu despertar para os estudos, essa cena nunca mais fará parte da nossa realidade.

Enquanto escrevo este capítulo, estamos nas férias de verão de 2022, morando na Flórida, numa casa que alugamos até a nossa outra ficar pronta. Não temos piscina, o quintal é pequeno, nossa sala é bem menor que qualquer outra em que já moramos e, neste sábado, está um "chove e para" bem típico da época. Desde as nove horas da manhã — Deus abençoe essa fase em que eles já acordam mais tarde —, os meninos estão brincando de Lego no nosso único tapete. Em nenhum momento, televisão, iPad ou filmes são as primeiras opções. Para não dizer que fomos zero telas hoje, eles também estão na fase de "como desenhar" e seguem um canal no Youtube que ensina até os mais tortos — como eu — a desenhar um *donut* de lacinho.

O que talvez seja frustrante, cansativo e irritante é saber que escolher viver com menos telas resulta em mais trabalho, mais filhos se cutucando, provocação e bagunça. Neste exato momento, a chuva cai lá fora, André come a carne que estreou na sua churrasqueira vermelha de filme, e os meus filhos estão se provocando. Um pegou o dinossauro do outro, e o outro disse que "o um" não lavou o pé para pisar no tapete — regra número cinco da mamãe.

Ainda assim, não troco a experiência de presenciar aqueles mesmos meninos, que não sabiam entrar no carro sem pedir para ver um filme e que não paravam quietos em restaurante sem uma tela — e ainda não param —, aguentando horas de estrada nas viagens que fizemos, apenas olhando pela janela, ouvindo histórias, desenhando ou mesmo brigando. Eles perguntam de onde vem a água, querem saber das aventuras que o pai já viveu, em quais árvores ele já subiu, como era a nossa infância e para qual time torcíamos.

A tela rouba a intimidade, as conversas profundas, repletas de vivência e aprendizado, que eram comuns nas varandas por aí; papo de rede, de quem se sentava no chão batido de argila vermelha com café na mão e palito na boca; os causos, as prosas, os contos e fábulas. Um bom livro, cheio de aventura, mas que requer paciência, também foi abandonado.

Olhando aquele vídeo gravado na maternidade e tantos outros da infância dos meninos, vejo o quanto ainda precisava aprender e como realmente não enxergava problemas nas minhas escolhas — que já eram bem conservadoras comparadas com a maioria. "Aliviada" é a palavra de quem conseguiu reverter aquele cenário a tempo, colhendo frutos visíveis e palpáveis de uma vida mais real e menos tecnológica.

O assunto eletrônico e telas permeia todo este livro, porque afeta diversas áreas na criação de filhos, desde saúde física, emocional, disciplina, obediência, vínculo, amizades, até o cristianismo. Se não faltassem linhas, esta obra seria inteiramente sobre a "rainha dos lares", mas prefiro indicar a vocês outros autores e meus destaques no Instagram, com centenas de testemunhos de pais que despertaram, viram a diferença na vida de suas crianças e recuperaram esta curtíssima infância.

Minha dica para os pais que querem fazer essa mudança é entender que, na fase de bebês e crianças até uns 6 anos, é realmente muito difícil que eles fiquem sentadinhos e entretidos à mesa com adultos. Se seu filho consegue, como as crianças das famílias "gringas", Deus abençoe! Não era o caso dos meus. Uma solução é levar lápis, papéis, livros de atividades ou um brinquedo que eles possam usar enquanto esperam. Além disso, restaurantes com espaço amplo para correr também é uma alternativa.

Infelizmente, no Brasil, ainda se investe pouco em espaços *kids* nos restaurantes, o que é uma pena — e, diga-se de passagem, é um

A tela rouba a intimidade, as conversas profundas, repletas de vivência e aprendizado, que eram comuns nas varandas por aí.

excelente nicho de mercado para explorar. Na fase em que meus filhos eram pequenos, com três meninos abaixo de 5 anos, nós nos tornamos verdadeiros caçadores de restaurantes com áreas externas bacanas. Chegamos ao ponto de almoçar em cidades do interior só para ter uma tarde mais tranquila e permitir que eles gastassem energia enquanto desfrutávamos da refeição.

Por alguns anos, praticamente engolíamos os pratos em restaurantes. Entretanto, parei de me frustrar quando entendi que, naquele período da vida, eu não poderia ter as conversas longas e deliciosas com outros adultos — aquelas pelas quais eu tanto ansiava. O tempo passou, meus filhos cresceram e agora conseguem ficar mais de meia hora sentados — muito mais do que isso, confesso, a família hiperativa não dá conta.

Portanto, aconselho que abrace a temporada em que está. Por mais clichê que seja essa frase, ela é o grito de nós, mães, que estamos nas etapas mais adiante, implorando a você que relaxe, ajuste a roupa, o corte de cabelo e o tamanho do brinco. Em breve, os saltos, os longos brincos e o cabelo solto voltarão. Prometo que sua família também poderá usufruir de tempos de mesa mais longos, com direito até a sobremesa, em um futuro que não está tão longe. Eu sei que é cansativo, mas são sacrifícios da maternidade.

Aconselho também que apresente livros aos seus filhos desde bebês. Tenha-os no carro, no banheiro — sempre foi meu melhor ajudante na fase do desfralde —, no restaurante. Cultive o amor pela leitura, abuse dos sebos e peça livros de presente de aniversário, em vez de encher a casa com brinquedos barulhentos e eletrônicos. Muitas vezes, na hora da refeição ou em dias difíceis, eu os usei para entreter ou acalmar as crianças. Com o tempo, o hábito se forma e eles passam a desejar a leitura em voz alta.

Com carinho, eu me recordo dos muitos livros que minha mãe, tão visionária, espalhava pela casa. Chorei no dia em que lia um para meus filhos, ao perceber que as cenas eram as mesmas da minha infância, só que agora em inglês. Lembrei-me da sensação que tinha ao lê-lo e fui transportada no tempo. Esses são alguns dos muitos poderes dos livros: eles criam memórias, conectam-nos com o passado e transformam momentos simples em algo eterno.

Permaneça firme, mesmo que você seja a mãe diferente. Os frutos do que plantamos impactam pessoas e, com o tempo, provam que valeu a pena. Posso dizer que ajudamos e inspiramos pais a repensarem a relação com as telas. Aos poucos, mais famílias têm despertado, e continuo encorajando as igrejas a abordarem esse tema tão urgente. As telas são responsáveis por inúmeros problemas, incluindo o acesso precoce à pornografia. Hoje, estudos revelam que crianças podem ter contato com esse tipo de conteúdo distorcido aos 8 anos de idade — um dado alarmante e devastador.[1]

Nosso filho mais velho está agora com 12 anos, e ainda não há previsão de que ganhe um celular. Como qualquer adolescente, ele adoraria ter um e às vezes se sente excluído por não acompanhar os amigos,

[1] YOUR BRAIN ON PORN. **Taxas de uso de pornografia (principalmente, mas não exclusivamente adolescentes)**. Disponível em: <https://www.yourbrainonporn.com/pt/relevant-research-and-articles-about-the-studies/porn-use-sex-addiction-studies/porn-use-rates-mostly-but-not-exclusively-adolescents>. Acesso em: 14 jan. 2025.

mas tenho convicção de que isso o beneficiará. Em um dos campeonatos de futebol, aceitamos o convite dos outros pais para almoçarmos juntos. Chegamos um pouco atrasados e, ao nos sentarmos no espaço reservado, encontramos uma cena que partiu meu coração: os adultos estavam dispersos, a maioria no celular, com poucos interagindo entre si. Já os onze meninos estavam todos espremidos em volta de uma única mesa, cada um no seu próprio telefone. A interação máxima era mostrar ao colega a fase do jogo ou um vídeo do TikTok.

Mat se sentou ao lado deles, tentando se enturmar, e foi difícil de assistir: ele se inclinava para enxergar o que os outros estavam fazendo, tentando participar de alguma forma. Deixamos o almoço seguir naturalmente, mas, ao voltarmos para o carro, usamos aquela experiência como uma prova concreta do motivo pelo qual decidimos não dar telefones para crianças. Foi uma oportunidade de ensinar e reforçar os valores que estamos construindo como família, mesmo quando é desafiador e parece que nadamos contra a corrente.

Conversamos com nosso filho sobre a sensação que ele teve ao ver aquela cena no restaurante, e explicamos que aquilo ali não é amizade. Várias vezes, ele se sentiu de fora dos programas dos meninos do time que, na verdade, não passavam de encontros "de corpo presente", com cada um no seu próprio mundo, preso a uma tela. Não quero que meus filhos tenham uma visão distorcida do conceito de relacionamento. Isso me preocupa, ainda mais quando vejo cristãos ignorarem essa realidade.

Se as crianças não sabem lidar com o tédio enquanto esperam um pedido no restaurante, na fila do mercado ou no trajeto de casa para a escola, como terão a paciência necessária para orar, ler a Bíblia e meditar na Palavra? É alarmante perceber que muitas delas não conseguem se concentrar por mais de seis minutos na mesma tarefa sem pegar o telefone, desesperadas para se sentirem pertencentes ou atualizadas sobre os bilhões de acontecimentos simultâneos.

Não nos deixamos pressionar pela necessidade de "pertencer", e acreditamos que dar um celular para uma criança é como entregar um carro ou uma arma. Qualquer pai acharia absurdo colocar um menino de 8 anos para dirigir, ou deixar sua filha solta na rua sem supervisão, mas muitos pensam ser seguro entregar o mundo nas mãos de crianças. Enquanto isso, pedófilos vibram.

Mesmo que você me diga que usa filtros e controles parentais, eu respondo: ótimo, mas os prejuízos vão além. Eles também afetam áreas como a capacidade de concentração, o sono e a habilidade de lidar com o tédio — algo tão necessário para a criatividade e o desenvolvimento emocional. Por que roubar as conversas espontâneas, a contemplação, e as boas noites de sono em nome de "pertencer"? Aqui em casa, optamos pelo relógio da Apple, que funciona como telefone, para nosso filho se comunicar com os amigos. E, porque estudamos muito esse tema, conseguimos mostrar os resultados ao nosso redor. Muitas vezes, eles mesmos percebem o impacto nos restaurantes, onde pais e filhos permanecem todos isolados em seus telefones, alguns até usando fones de ouvido à mesa.

Não foram poucas as vezes em que os meninos reclamaram por não terem ninguém para brincar porque as outras crianças só querem saber de videogames, ou por se sentirem desconectados em rodas de amigos onde todos estão presos a uma tela. Nos lugares em que moramos, havia muitas crianças, mas raramente elas saíam para brincar. Aos poucos, mostramos para algumas delas o que é o mundo ao ar livre, as brincadeiras de turma, e foi uma alegria ver grupos se formando e aproveitando as delícias da infância.

> Dar um celular para uma criança é como entregar um carro ou uma arma.

Para encorajá-la, atesto: os frutos de uma casa off-line são uma bênção. Nossas melhores conversas acontecem nas estradas ou no trajeto de casa para as atividades. Nesses momentos, as dúvidas que eles guardaram encontram espaço para emergir. A conexão com os filhos se aprofunda e, apesar da correria e das agendas cheias, permanecemos muito próximos. Cada refeição à mesa é uma oportunidade — eventualmente caótica, mas sempre valiosa.

Aqui, as telas são liberadas nos fins de semana, geralmente à noite: às vezes juntos, às vezes sozinhos ou com amigos. Assim, o limite para as telas deixa de ser um motivo de estresse e passa a ser algo aguardado, como um prêmio ou um doce: eles sabem o que esperar e quando esperar. Durante as férias ou em situações excepcionais, como quando ficam doentes, flexibilizamos mais. Entretanto, jamais permitimos que um dia de sol seja trocado por uma criança sentada e apática diante de um iPad ou telefone.

Você pode argumentar que mora em um prédio pequeno, sem estrutura para seus filhos. Mas essa era a realidade da maioria das crianças nas grandes cidades dos anos 1980 — inclusive a do meu marido. E foi nesse cenário que ele encheu sua vida de histórias, causos e joelhos ralados com a turma do prédio. Quando celulares e afins não eram uma opção, as crianças se viravam, assim como nós nos viramos sem carro voador ou outras genialidades que o futuro ainda revelará.

Não acredito que um filho se distancia dos pais do nada. Isso é um processo lento, que normalmente começa com uma agenda cheia, a televisão ligada e a preguiça de adultos cansados. Existem exceções, claro, mas sejamos honestos: criar filhos sem a "babá eletrônica" é muito mais trabalhoso. Quando meu filho está na tela, ele permanece parado; e crianças paradas dificilmente quebrarão um vaso jogando bola, arranharão o joelho correndo na rua, ou discutirão com o irmão pela canetinha azul que ele está usando. Os conflitos silenciam, mas, junto deles, também silencia todo o potencial de criatividade, intimidade e vida real.

Não quero ser a sombra que a acompanha toda vez que você der tela aos seus filhos — só assumirei esse papel se você não der banho neles; nesse caso, alugarei um triplex em sua mente para garantir crianças limpas na cama! Quero ser a voz que a ajudará a repensar em como tem aproveitado os pouquíssimos anos que suas crianças terão ao seu lado.

Tela tem seu lugar. Eu amo ver filmes com os meninos, tenho uma lista daqueles que marcaram minha vida e que gostaria que eles vissem. Gargalhamos juntos com vídeos de bichinhos no Instagram, e permito que joguem videogame na casa dos amigos — nem sempre e nem tudo, mas, na idade deles, libero um pouco mais. Sei que a tecnologia veio para ficar e reconheço seu valor, mas não me arrependo de manter uma criação mais "antiga" nesse aspecto: com os pés no chão e os rostos voltados para o mundo.

Capítulo 21

UMA CONVERSA SOBRE ESPORTES

Antes de me mudar para cá, eu ouvia rumores sobre a cultura norte-americana girar em torno de esportes e asinhas de frango. Alguns livros mencionavam que os esportes se tornaram deuses dessa nação e que seu calendário se divide entre dias de jogo e dias sem jogo. Eles não estavam errados.

Morando aqui, os rumores só se confirmaram. Ainda não consegui assimilar o número de canais de televisão esportivos. Em cada um, há programas que comentam o comentário do esporte, o pré-jogo, o resumo da partida, isso aplicado aos diversos esportes existentes, alguns que até hoje não entendo a lógica — há uma modalidade em que o jogador corre com uma cestinha na mão e arremessa uma bola; pode ser no gelo, na grama, sobre rodas; um mix de baseball, taco e hóquei.

Uma das coisas mais impressionantes de se presenciar é a estrutura encontrada em qualquer — eu disse *qualquer* — vilarejo que visitamos. Como nosso filho mais velho pratica futebol há quatro anos, com jogos quase todos os fins de semana, já demos uma boa passeada pelo interior da Flórida. Não deixamos de nos espantar ao ver que, na esquina de uma floresta — onde só poderia haver mais floresta — brota um complexo de quadras, campos, parquinhos e pistas de corrida, todos em tamanho colossal. É difícil algum brasileiro não ficar impressionado. Esse espaço é público, na maioria das vezes, bem-cuidado e limpo, o que é mais uma opção para as famílias desfrutarem das bênçãos desse clima ao longo do ano.

Em nossa viagem de *motorhome*, rodando por quase todos os estados, pudemos constatar o mesmo, com devidas adequações ao clima frio que toma conta da maior parte do país. Quando assistimos ao filme *King Richard: criando campeãs*[1] — tenistas, recomendo muito —, comentamos em família que as chances de as irmãs Willians alcançarem tamanho sucesso em um país menos desenvolvido talvez fossem nulas. Isso me fez refletir sobre quantos Djokovics passaram por esse mundo sem nem sequer saberem do seu talento no tênis, porque a opção não existia. Praticar qualquer esporte nos Estados Unidos é mais acessível, não só financeiramente, como também em relação à disponibilidade. Quer fazer patinação no gelo com malabares? Procure e encontrará.

Minha mãe amaria esse banquete de opções. Dentro das possibilidades financeiras e logísticas de nossa família, ela nos apresentou a oportunidade de experimentar várias modalidades. Em uma época, cheguei a ter sete aulas extras na minha semana. Como fazia parte da Associação Cristã de Moços (ACM), muito se resolvia por lá.

1 KING RICHARD: CRIANDO CAMPEÃS. Produção de Tim White; Trevor White; Will Smith. Direção de Reinaldo Marcus Green. California: Warner Bros. Pictures, 2021.

Eu confesso que adorava, e o esporte me deu uma identidade quando eu ainda não conhecia a Cristo.

No círculo cristão dos Estados Unidos, as maneiras como as famílias enxergam os esportes se dividem. Esse assunto é tão presente na cultura, que não me lembro de um livro sobre maternidade que não o abordasse. Sigo algumas mulheres incríveis e admiráveis que decidiram que suas famílias viveriam uma temporada e uma modalidade por vez. Assim, evitavam que o esporte se tornasse o centro da casa, roubasse o tempo de culto, de comunhão e o serviço na igreja. As crianças não tinham a possibilidade de entrar em competições, e seus pais tomaram essa decisão para que elas não fossem sugadas por esse deus.

Um outro grupo de cristãos entende a prática como uma maravilha e incentiva seus filhos a participarem. Não é novidade que o exercício vai muito além de saúde física e desenvolve disciplina, resiliência, trabalho em equipe, gerenciamento de emoções, superação. Além disso, crianças que praticam atividades físicas são menos propensas a se envolverem com drogas e más influências. Quantos jovens do Brasil foram "salvos" do crime por um projeto social que envolvia esporte?

Por coincidência, o pastor principal da nossa igreja, um dos homens mais admiráveis que conhecemos, é pai de um dos maiores *quarterbacks* de futebol americano da atualidade. Nos detalhes que discretamente ele divide, notamos que o próprio pastor foi técnico de um time na época de escola. Os seus três filhos são cristãos firmes, e esse famoso jogador é um belíssimo testemunho público de alguém que não se curvou ao deus do esporte, mesmo tendo dedicado muitos anos de vida para alcançar a posição que tem hoje. Um dia, adoraria perguntar à sua mãe qual foi a receita.

Realmente, quando você está envolvida com o nível competitivo, não pode permanecer no "mais ou menos", aqui é "tudo ou nada". Por isso, não é fácil equilibrar as prioridades sem desajustar a família quando seus filhos desejam avançar por esse caminho. Confesso que ainda estamos em adaptação. Até então, perdemos poucos domingos de culto, o que para nós é uma prioridade verdadeiramente levada a sério. Ocorrerá uma festinha de aniversário, uma exposição de carros ou um passeio com os amigos no domingo de manhã? Não vamos. Entretanto, como nossa igreja oferece dois horários de culto, conseguimos encaixar alguns compromissos sem prejudicar o time. Mesmo assim, daqui para frente, não sei como será, com o outro filho cada vez mais apaixonado pelo tênis.

E não é só o espiritual que pode ser afetado, mas a dinâmica da família. Meus dois filhos mais velhos têm uma vida paralela, a famosa "*side line life*" ["vida na lateral do campo"] que muitos irmãos de atletas experimentam. Como fazemos questão de estarmos unidos, e já que não temos rede de apoio por perto, os meninos são obrigados a irem aos jogos. Eles aprenderam a se entreter no monte de areia da construção ao lado ou com os outros irmãos de jogadores, o que não deixa de ser penoso, cansativo e frustrante, principalmente quando perdem festinhas.

Quando nos mudamos para Orlando, o nosso mais velho teve a sorte de entrar em um time muito bom, que ganhava a maioria das partidas durante dois anos. No terceiro ano, porém, aquele time se desfez, e meu filho passou a jogar com meninos mais velhos dentro do mesmo clube, numa época em que a puberdade de alguns já havia chegado. Então, o que parecia um passeio no parque começou a ter mais desafios, e ganhar não foi mais tão fácil.

Nos anos em que passamos fritando, sentados nas laterais dos campos quase todos os fins de semana, observamos como os pais, independentemente da nacionalidade, têm uma enorme dificuldade de enxergar seus filhos além do papel de "você é muito especial".

Talvez pela forma como fui criada, muito "preto no branco", sempre conseguimos manter uma boa imparcialidade e frieza ao analisar as habilidades e desempenhos dos nossos meninos.

Ao longo da vida, vimos pais que tinham filhos com pouquíssimos talentos para certas atividades — o que era até constrangedor em algumas situações — e que seguiam alimentando expectativas ilusórias. Entendo que é benéfico levar as crianças para testarem suas habilidades e, como disse, foi o que minha mãe sempre fez, mas devemos respeitar limitações ou inabilidades. Em casa, sempre fui a atleta coringa para qualquer atividade física, mas tinha minhas lutas com a parte acadêmica; enquanto isso, minha irmã era muito boa na área intelectual, mas percebeu logo cedo que dança, cambalhotas e corridas não eram seu forte.

Por isso, dizemos aos meninos que eles têm duas opções: desistir antes de tentar; ou tentar, apesar dos riscos, e se preparar ao máximo. O topo da pirâmide no esporte, carreira, fama ou qualquer posição de destaque é para poucos. Saber disso e passar essa realidade aos filhos é um favor que fazemos e uma sabedoria que os preparará para a nem sempre justa jornada da vida. Apenas ser "nosso filhote" ou "minha princesa" não é suficiente. E, muitas vezes, o puro esforço também não.

Quando o nosso mais velho joga contra times que lhe dão uma surra, ou se encontramos um tenista muito bom com a mesma idade do nosso outro filho, nunca arrumamos desculpas para justificar o sucesso alheio. Também não culpamos o técnico, o clima ou diminuímos o adversário com a famosa frase "mas também...", para que os nossos se sintam melhor. Isso é mentir e alimentar em nós uma posição de vítimas. Colocar os pés dos filhos no chão é doloroso, porque envolve confrontar e apresentar às pessoas que mais amamos uma realidade difícil. Mas é o tipo de ferida que cura, ainda que naquele momento possa doer.

Meu filho não será jogador de futebol profissional e, apesar do outro estar em uma fase apaixonada por tênis, também acho difícil que siga por esse caminho. Se algum deles tiver esse objetivo,

> *Colocar os pés dos filhos no chão é doloroso, porque envolve confrontar e apresentar às pessoas que mais amamos uma realidade difícil. Mas é o tipo de ferida que cura, ainda que naquele momento possa doer.*

precisaria mudar muito, porque apenas treinar o básico não é suficiente. É necessário musculação, treinos extras, horas de brincadeiras trocadas por aulas particulares — como vários que conhecemos fazem —, passar o verão inteiro em colônia de férias e, ainda assim, sem garantias. Quando eles reclamam dos resultados que obtêm, lembramos que são frutos daquilo que plantaram. Isso não é ser maldoso, e há formas de apresentar essa realidade sem desencorajar completamente uma criança.

Como tomamos muito cuidado para não transferirmos nossos desejos a eles, deixamos claro que nossa exigência é pela excelência. Sempre recordamos o versículo de Colossenses 3.23: "Tudo o que fizerem, façam de todo o coração, como para o Senhor, e não para os homens". Essa frase se aplica a todas as tarefas que executamos e demonstra para eles a motivação que deve nos guiar. A família toda se sacrifica em termos de tempo e dinheiro, então cobramos vontade e garra, deixando claro que o esporte deve ser aproveitado, pois ajuda a cuidar do físico e ensina a gerenciar as emoções.

Outro dia, um deles me perguntou o que aconteceria se perdesse o jogo. Respondemos: "Nada, filho. Nós o amaremos mesmo assim. Faça o seu melhor. Campeonatos servem para testar seus limites, analisar como sua cabeça lida com pressão — a minha sempre reprovou com louvor — e entender em qual patamar os adversários estão. Se você perder, faz parte. Todo atleta já perdeu e perderá, *todo*. E ninguém liga para isso. No final do dia, meu amor, todos os filmes de esportes a que assistimos envolvem superação e coragem, não necessariamente vitória".

"Você não ensina virtudes pregando virtudes. Você ensina virtudes exigindo um comportamento virtuoso, para que o comportamento virtuoso se torne um hábito."

— LEONARD SAX*

* SAX, Leonard. **The Collapse of Parenting**: How We Hurt Our Kids When We Treat Them Like Grown-Ups. New York: Basic Books, 2024, [s.p.].

Parte 6

Erros, acertos e a graça de Deus

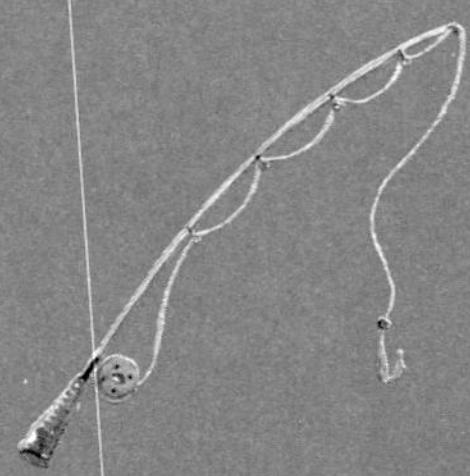

Capítulo 22

UMA CONVERSA SOBRE ERROS

Era terça-feira, e eu havia acabado de tomar banho. Em seguida, eu me arrumei e gravei um vídeo sobre infância e o uso de telas para postar no Instagram. Estava pronta para almoçar fora com o André, quando, de repente, meu celular apitou com uma mensagem do meu filho mais velho: "Mamãe, fiz uma besteira!".

Naquele horário, ele estava na escola e, ao ler aquilo, minhas pernas tremeram como só as pernas de mães tremem. Na sequência, vieram áudios dele chorando, desesperado, arrependido por ter feito algo muito errado. Então eu tive de me sentar, pois já não tinha forças. Sendo do time dos pessimistas, em segundos, minha criatividade negativa me levou a todos os tipos de suposições possíveis. Eliminei as mais improváveis, no entanto, enquanto não tinha uma explicação completa, senti meus ombros travarem e meu corpo gelar de nervoso. “O que meu filho fez?”.

No áudio seguinte, ele dizia que não sabia o que estava fazendo, mas que aprendeu com amigos como acessar um site e foi pego jogando um joguinho de tiros durante a aula de espanhol. Por isso, estava na diretoria. SENHOR! Pausa para digerir as diversas falhas nessa frase: jogar durante a aula, jogar um jogo de arma, jogar no computador da escola, jogar o que nunca permitimos. Um pacote de erros inacreditável!

Visto que ele não respondia mais às mensagens em seu relógio, quase cavei um buraco no meu tapete de tanto andar em círculos, enquanto hiperventilava meu nervosismo e raiva ao lado de André. Como boa aluna que fui — não com relação às melhores notas, mas comportamento — ir para a diretoria nunca entrou para o meu boletim, e sempre pensei que seria a maior humilhação da vida passar por isso. Porém, Deus é muito criativo e me casou com alguém que batia ponto semanalmente na sala do diretor.

Em minutos, meu telefone tocou — que bom, porque eu estava a ponto de ligar para a escola; se o André não estivesse comigo, eu teria feito isso. A assistente da diretoria explicou o ocorrido e, ao fundo, podíamos ouvir os soluços arrependidos do nosso filho. Nós o conhecemos bem e, nas poucas vezes em que fez bobagem, quando se deu conta, ele desmoronou.

Enquanto ela relatava a sequência de erros dos quais já estávamos cientes, meu sangue fervia em meu caldeirão interno. Era uma mistura de raiva, vergonha, decepção e um pensamento: “Quem é esse menino?”. Ao mesmo tempo, eu me sentia humilhada: “Estou escrevendo um livro sobre como educar filhos, falando sobre criação de crianças na internet, criticando o uso de telas, e meu filho me apronta uma dessas?”.

Mas, sabe o que foi curioso? Durante a conversa com a assistente — o Fifi também participou porque, na hora do nervoso, meu inglês volta para o nível um —, o pensamento que me vinha à mente era: "Isso é um aperitivo das consequências do pecado, um tropeço, uma rasteira permitida para que ele aprenda caindo de uma pequena altura, e não despencando de uma montanha".

Um conceito que sempre repetimos aos meninos, e que relembrei ao meu filho depois do ocorrido, é que, como cristãos, sempre temos um alvo em nossas costas. Nosso padrão de ética e conduta costuma ser elevado em comparação a não cristãos, por isso, quando nos declaramos seguidores de Cristo e leitores da Bíblia, os olhos se voltam para nós. Qualquer passo fora do quadrado se transforma em um escândalo acima da média e, consequentemente, um mau testemunho para o Reino.

Quantas vezes explicamos para os meninos que a Bíblia descreve, em 1Pedro 5.8, Satanás como um leão que permanece ao nosso redor, buscando oportunidades para nos atacar. No entanto, ele só consegue fazer isso se Deus permitir, como ocorreu com Jó (cf. Jó 1.6-12); ou se nós permitirmos, o que acontece quando decidimos desobedecer ao Senhor. Veja bem esse caso: segundo meu filho, vários amigos acessaram joguinhos escondidos, mas somente ele foi pego. O que outros podem chamar de azar ou falta de malícia, nós usamos para provar nosso ponto e permitir que ele saboreie, na prática, a consequência amarga de suas más escolhas.

> Quando nos declaramos seguidores de Cristo e leitores da Bíblia, os olhos se voltam para nós.

Durante o papo, a responsável percebeu que estava lidando com pais conscientes, que, em momento nenhum, jogariam a responsabilidade para terceiros — seja para os amigos, para o computador que não era seguro ou qualquer outro. O único culpado foi nosso filho. Na minha cabeça, transferir a culpa seria como se um ladrão culpasse um mercado por não trancar bem as mercadorias e dissesse que isso o levou a roubá-las.

Em meio às lágrimas arrependidas e à conversa sensata com a funcionária, ele se desculpou e não terá nenhuma mancha no currículo. O pedido de perdão à professora, a vergonha diante dos amigos e as consequências de seus atos farão parte de mais uma pedra memorial em sua jornada. A dor tem o poder de desenvolver em nós virtudes que dificilmente brotariam de uma vida mansa. Tenho certeza de que essa foi mais uma lição que jamais será esquecida, assim como os machucados e cicatrizes, ou como o taco de golfe do vizinho que ele quebrou e teve de pagar do próprio bolso porque desobedeceu a uma direção muito repetida por nós: "Não pegue nada emprestado de ninguém; se quebrar, você pagará".

Naquela altura do campeonato, obviamente, minha fome foi embora, mas aproveitei que o episódio estava fresco e escrevi estas linhas. Enquanto digitava, parei e enviei mais uma mensagem a ele: "Filho, nós sempre o amaremos, mas estamos muito decepcionados. Espero que você peça perdão à sua professora e, em casa, conversaremos". Ele me respondeu: "Sim, estou muito arrependido".

Quis enviar aquela mensagem porque sei que este é um dos maiores motivos pelos quais muitos de nós fazemos coisas escondidas ou desistimos de tentar fazer o certo: porque não somos ouvidos. Ainda que eu não siga a linha da educação que alivia as consequências e diz que castigo não ensina, entendo que existe um equilíbrio saudável e bíblico ao tratar situações como essa.

Mesmo repetindo os ensinamentos — e sempre digo que não conheço outro jeito —, lendo a Bíblia, discipulando, limitando o uso de telas, impondo regras e consequências, nossos filhos ainda são pecadores e devem reconhecer isso. Eles precisam do Espírito Santo para convencê-los, pois só Deus é capaz de trabalhar em seus interiores de maneira profunda.

Esperar pelo agir do Senhor me causa certa ansiedade, mas situações como essa servem para comprovar que meus braços alcançam uma distância limitada. Planto e semeio a Palavra, mas eles precisam vivê-la na prática e tomar suas decisões. Quem sabe, depois do que aconteceu, meu filho se conscientize de que não entende tanto assim da vida — esse foi nosso papo, enquanto andávamos de carro no sábado.

Uma hora depois, uma segunda ligação da escola apareceu no meu telefone e, daquela vez, o efeito foi suadeira. Era a mesma funcionária ligando para avisar que ele havia se acalmado e voltado para a sala de aula. Porém, o que disse em seguida me fez chorar.

Trabalhando em escolas há anos, eles sabem diferenciar as crianças quase sem solução — tipo o Fifi, meu digníssimo marido — daquelas que apenas escorregaram, como claramente era o caso do meu filho. Verificaram o computador e notaram que ele havia feito aquilo poucas vezes nas últimas duas semanas — aí está minha teoria —, e que descobriu o tal jogo ao pesquisar no Google o que viu na tela de um outro menino. Veja o nível de ingenuidade somado à ignorância digital: no sistema da escola, quando uma criança liga o computador, a imagem espelha no monitor da professora. Assim, a "Sra. professora de espanhol" se deparou com tiros vindos da tela do meu filho.

Já que o incidente aconteceu perto do horário de almoço, ela e outra funcionária lhe ofereceram a possibilidade de comer na sala ao lado, trouxeram-lhe água e conversaram com ele até que se acalmasse. Durante todo o tempo, meu filho estava tão quebrantado, envergonhado e cabisbaixo, que constrangeu a todos. Elas se emocionaram quando ele curvou a cabeça e começou a orar pelo alimento. Como a funcionária bem observou: "Acredito que não estava orando só pela comida".

A ligação era para me dizer que ele estava tão arrependido, que as duas choraram ao vê-lo, e sinto que ela queria amenizar a consequência do ocorrido — talvez sem saber que tipo de pais somos.

Durante a conversa, descobri que ela também era mãe e cristã, por isso entendia toda a minha visão e preocupação. Ao final, concordou comigo: sim, eles errarão, mas a base que damos é o caminho de volta aos trilhos. "Fique em paz, ele já voltou aos trilhos". Naquele momento, as lágrimas que estavam presas em meio à raiva, mágoa, frustração, vergonha, decepção e um pouco de orgulho ferido de mãe, finalmente escorreram.

Um dos maiores aprendizados dessa situação foi meu filho experimentar na pele um dos motivos de eu não liberar videogames, porque o efeito de gancho no cérebro foi exatamente o que aconteceu com ele: jogou uma vez, gostou, quis repetir. A maior "coincidência" — que, na nossa visão, é o Espírito Santo trabalhando —, foi que, nas últimas duas semanas, nossa família conversou muito sobre controle de internet, *deep web*, como o celular "ouve tudo" e sobre o computador da escola ser monitorado. Sem nenhuma desconfiança da nossa parte, esse assunto surgia em casa, vindo de todos os lados. Com isso, mostrei para ele como Deus é bondoso e longânimo, pois nos dá chances de confessarmos nossos pecados, de nos arrependermos e voltarmos atrás.

Todas as noites, antes de dormir, nós fazemos uma dinâmica de agradecimento e confissão, e as chances do meu filho iam embora

Sim, eles errarão, mas a base que damos é o caminho de volta aos trilhos.

conforme não demonstrava arrependimento. Uma hora, a bomba estourou, e não foi nada silenciosa, expondo-o para a escola toda, e sabemos do peso e vergonha que isso causa. Ficaram as lições vivas: existe um mundo espiritual, não escondemos nada de Deus e a colheita do que semeamos chega.

Disse a ele: "Se você não se controlou diante de algo 'inofensivo', imagine quando surgirem outras tentações, como drogas, pornografia, tratar mal alguém porque todos tratam, aproveitar-se de uma mulher". Sim, sou dessas, uso exemplos pesados e chocantes para assustá-los mesmo. Esse papo não é novo por aqui, faz parte do nosso cotidiano. Entretanto, talvez somente agora ele faça a digestão das tantas conversas e ensinamentos que tivemos ao longo dos anos.

Abracei meu menino com seus olhos inchados de tantas lágrimas, mas não deixei de ser muito firme e transparente em relação à minha decepção. Adoraria dizer que essa foi a última vez que experimentei isso, mas não foi, e dificilmente uma mãe passa isenta de decepções e deslizes dos filhos.

E ainda dizem que fazer dieta é a coisa mais difícil do mundo...

Obs.: Lembrar de perguntar à minha sogra como sua saúde mental sobreviveu ao André e às suas muitas expulsões de escolas.

Capítulo 23

UMA CONVERSA SOBRE RÉGUA ALTA

André acordou de madrugada para ir a um jogo de futebol a quatro horas de distância com nosso filho mais velho. Como era domingo, a igreja estava na agenda. Fui sozinha com os dois menores, que permaneceram comigo no culto.

Na minha versão das nove horas da manhã, da mãe que ainda está com o tanque de paciência abastecido, corrigi em modo "instagramável" o filho que começou a desenhar no envelope de ofertas, enquanto o outro se ajeitava na cadeira com a mesma intensidade de alguém que se sentou em um formigueiro. Durante o louvor, era uma mão para cima em adoração, e a outra cutucando o menino distraído com um bebê duas fileiras à frente. Ao mesmo tempo, pedia para o outro ficar de pé e demonstrar reverência naquele momento.

Teimoso como poucos, ele insistia que estava *muito* cansado, e se derretia como um picolé em direção à cadeira. Meu sorriso começou a amarelar, já que poucas coisas me irritam mais do que ter meu momento de culto prejudicado, ainda mais por birras.

Entre trancos e barrancos, chegamos ao fim dos noventa minutos sem maiores emoções, mesmo que meu telefone tenha caído duas vezes, que meu papel de anotação estivesse todo rabiscado e que dois pares de tênis estivessem embaixo da cadeira do irmão da frente. Não me julgue, escolha as suas batalhas, porque eu já selecionei as minhas. Sapatos e pés dos meus filhos são uma relação complicada.

No fim do culto, uma senhora que estava sentada atrás de nós, acompanhada do esposo, cutucou-me enquanto se preparava para ir embora: "Você é uma ótima mãe. Fiquei reparando como gerenciou a demanda dos seus filhos durante o culto. Muito paciente e amorosa!". Agradeci com um sorriso e tentei rebobinar as cenas daquela manhã em minha mente. É, até que ela tinha razão. Pode ser que eu merecesse um tapinha nas costas, mas a mãe exigente que habita em mim tende a sempre acreditar que é muito pior do que realmente é.

De tempos em tempos, revisito os vídeos dos meninos quando eram pequenos, de cenas do cotidiano que fazia questão de filmar porque sabia que minha memória me trairia. Eram filmagens para mim, sem nada de filtros ou preocupação com quem estaria assistindo. Nunca foram postadas em redes sociais e serviram para criar um diário visual do que era a vida naquela época. Ouvia tanto que aquela fase passava rápido, que foi a tentativa de colocar em uma caixinha a infância dos meus meninos, e, junto a isso, a mãe que eu era.

Em tantas delas, consigo ver uma mãe firme, mas amorosa, engraçada e paciente, criando alternativas divertidas para o filho enrolador colocar o pijama sozinho sem depender de ajuda; cantando músicas para incentivar mais uma colherada de legumes; tampando os olhos para não ver três pedacinhos de gente querendo me surpreender com a cama arrumada. Havia muitos beijos e abraços, muita celebração por suas pequenas conquistas, muita conversa divertida, e isto me traz paz.

Sei que errei, já que meu temperamento forte muitas vezes tomou conta; minha preguiça constantemente venceu; meu pavio curto me fez descontar a raiva em quem não merecia. Mas sinto-me aliviada porque eles não foram, e não são, o retrato da mãe que eu sou, e esses vídeos me ajudam a ser justa e mais graciosa comigo mesma.

Não quero passar a impressão errada do que é a maternidade. Porém, sei que, assim como eu, existem outras mães por aí que são presentes, amorosas, preocupadas, zelosas, muito firmes em corrigir, mas enfrentam uma batalha interna: ser uma mãe com régua alta demais tem um preço. Devemos ser moles demais ou rígidas ao extremo? Esse é o famoso pêndulo da mãe permissiva ou autoritária. Encontrar o tal equilíbrio é como temperar comida: existe uma medida adequada a cada tipo de prato. Transferindo essa ideia para a realidade de uma família, é ter na cartola várias versões da mesma mãe, e aplicá-las de formas diferentes dependendo das circunstâncias.

Entretanto, quem nunca errou a medida no sal? Já fui injusta, gritei para descontar a raiva de outra situação, joguei a toalha e ignorei alguns comportamentos por pura exaustão, principalmente do caçula — daí vem a fama de que os mais novos são mimados... Ainda bem que existe o dia seguinte, o quarto para chorar e a possibilidade de voltar para consertar os deslizes; ainda bem que não somos deixadas sozinhas, e temos nosso conselheiro, o Espírito Santo, o nosso ChatGPT celestial totalmente personalizado. São incontáveis as situações em que fui imediatamente confrontada e me arrependi, ou tive uma ideia, recebi uma resposta diferente, senti uma calma extra diante do caos instaurado que não era naturalmente minha, e sei qual foi a Fonte.

Apesar de ser uma devoradora de livros sobre criação de filhos, depois de ser mãe por mais de doze anos, percebo que nem as melhores escritoras e acadêmicas conseguem oferecer soluções para todos os problemas de todas as casas e dinâmicas familiares. Lembro-me de carregar, em um braço, um bebê que vomitava e se contorcia para mamar, enquanto usava a outra mão para consultar minhas anotações e marcações no livro *A encantadora de bebês resolve todos os seus problemas*[1], meu companheiro de mãe de primeira viagem, procurando a descrição exata daquele cenário. Em seguida, eu me sentia levemente frustrada por não encontrar ali uma resposta. Diversos livros relatam casos de sucesso para lidar com a birra do filho, ou com a bagunça recorrente no quarto, mas não são aplicáveis à minha família.

Como nenhuma de nós costuma jogar aos quatro ventos nossos tombos, dificilmente sabemos mensurar: "Só eu perdi a cabeça desse jeito?"; ou: "Só eu sinto que não faço nada certo?". Não, não é só você, eu garanto. Para uma mãe imatura e insegura, as redes sociais são as piores armadilhas. Novelas e filmes sempre existiram, e nós amamos, choramos e sorrimos com as cenas, mas sempre com o entendimento de que é puro teatro. Com as redes sociais, porém, verdade e mentira se misturam. Em alguns casos, a mentira é tão grande que nem a internet consegue segurar, e tudo vem a público. Mas há uma quantidade enorme de inverdades que nunca será desmascarada.

O desespero de tentar alcançar o padrão de "fulana" — aquela que é líder do movimento #MãesQueIrritam, apelidado por mim; no meu Instagram, há um destaque em que explico isso — pode afundar qualquer mulher mediana "recém-parida". Os padrões apresentados parecem inatingíveis, e talvez realmente sejam para algumas.

1 Hogg, Tracy; Blau, Melinda. **A encantadora de bebês resolve todos os seus problemas**: sono, alimentação e comportamento do nascimento aos primeiros anos da infância. São Paulo: Manole, 2006.

Com exceção de mulheres que são, de fato, adoecidas, a maioria das mães está em busca de acertar, sente-se inadequada, perdida e se enxerga como muito pior do que realmente é. Nossa autoimagem se distorce, marcada pelos tropeços e arrependimentos. Nos momentos em que me senti assim, separei o que é real do que é somente acusação maligna. Para o que é real e precisa ser combatido ou aprimorado, recursos não nos faltam: Bíblia, oração, aconselhamento, terapia, ouvir verdades difíceis de pessoas próximas, mesmo que machuquem. As acusações, por sua vez, desaparecem ao vermos os resultados, quando os filhos começam a crescer e conseguem expressar seus sentimentos e memórias.

> Ainda bem que não somos deixadas sozinhas, e temos nosso conselheiro, o Espírito Santo, o nosso ChatGPT celestial totalmente personalizado.

De tempos em tempos, nós nos sentamos com os meninos e pedimos que eles nos deem feedbacks. Fazemos isso desde a época em que eles já conseguiam organizar bem as ideias, lá pelos 7 anos. Esse ambiente seguro e rico permite que as percepções dos filhos sejam ouvidas. É um canal aberto que se transforma com o tempo e nos ajuda a manter a conexão e intimidade com eles em todas as fases.

Nossos melhores juízes são nossos filhos, e nosso melhor termômetro, os frutos que eles geram. A trajetória de toda mãe será marcada pelos dias e momentos ruins, mas pense na sua mãe, com todos os erros que cometeu: não são eles que definem quem ela foi. O que permanecem são os frutos de seu amor e esforço diário.

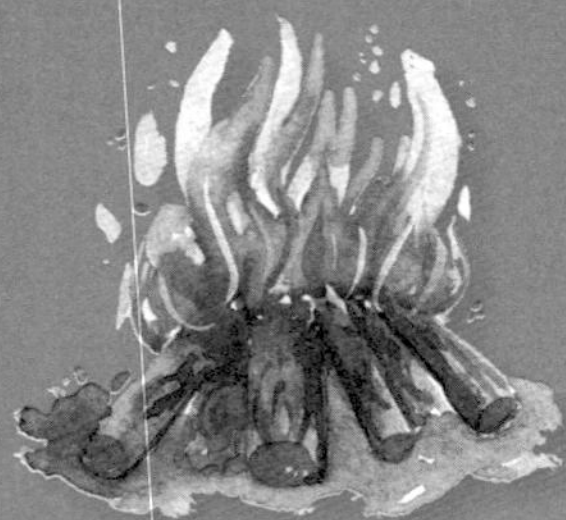

Capítulo 24

UMA CONVERSA SOBRE PROTEGER A MENTE

— Hoje, na aula, um menino tirou aquele negócio que os homens usam quando não querem ter bebê — camisinha — e jogou no meio da classe.

No dia seguinte:

— Mamãe, tem um menino superlegal na escola, que se senta do meu lado, e hoje ele disse que vê pornografia!

Esses são os tipos de conversas que têm chegado à nossa casa agora que nosso mais velho está com 12 anos. Se eu disser que fui pega de surpresa e fiquei sem reação, é mentira. Atribuo essa calma à preparação que tive ao longo dos anos, lendo e aprendendo com pais que estão à minha frente.

— E o que você fez quando ele quis mostrar o tal site com pornografia?

— Não olhei. Falei para ele parar.

Naquela mesma noite, sentados na cama de nosso filho, conversamos sobre o ocorrido e aproveitamos para falar a respeito de um escândalo de pedofilia em Hollywood, que envolvia diversos artistas e que também estava em pauta na escola. As duas conversas se conectaram bem, porque a maioria dos casos de aberrações sexuais têm a pornografia como um denominador comum.

A vida real é a nossa melhor escola, e usamos os casos da cultura ao nosso redor para criar pontes entre causa e efeito. A Bíblia estava em seu colo e, como esperado, entrou na conversa como a solução para este mundo caído. Espero que meus filhos percebam como pessoas que decidem seguir apenas seus desejos se tornam escravizadas por eles. Fama e dinheiro, muitas vezes, têm um preço altíssimo — que simplesmente não vale a pena.

Notei que meu filho se espantou com algumas das revelações, como pedofilia, estupro e outros temas grotescos. São assuntos que, sinceramente, eu adoraria nunca precisar abordar, mas fazem parte do processo de descortinar gradualmente o mal do mundo, conforme eles crescem em maturidade. É um equilíbrio entre apresentar os fatos, amparar dúvidas, oferecer respostas e direcionamento.

Se eu não tivesse preparado meus filhos para essas situações — sabendo que a pornografia não é mais uma questão de "se eles terão acesso", mas de "quando" —, provavelmente a decisão que ele tomou naquela situação teria sido diferente. Talvez nem saberíamos do ocorrido, e muitos ensinamentos seriam perdidos.

Às vezes, esquecemos que tudo é novo para eles. Nossa visão já está formada, e nossos valores, consolidados, mas o mundo das crianças ainda está em construção. As ideias estão soltas, os raciocínios, desencontrados. E é então que nós, pais, entramos, ajudando nesse processo com muitas conversas, proximidade e olho no olho.

Para preparar os meninos em relação a esse assunto, usei um livro simples chamado *Good Pictures, Bad Pictures* [*Imagens boas e imagens ruins*, em tradução livre][1]. Essa obra explica de forma didática o que é pornografia, quais são seus efeitos no cérebro e como ela pode ser comparada a uma droga altamente tóxica. Ensina, também, formas de se proteger.

Se você não tiver acesso a esse livro, não se preocupe. O principal é reunir dados sobre os perigos da pornografia e apresentá-los aos seus filhos de maneira clara e tranquila — tenho uma aula sobre esse livro no *TelePeps Plus*, meu curso para pais; você pode acessá-lo através do meu perfil no Instagram.[2]

O maior impeditivo para esse tipo de conversa costuma ser a falta de intimidade entre pais e filhos ou a falta de informação: como abordar o assunto, o que falar e quais são os reais problemas de consumir pornografia. A internet está aí para nos ajudar com diversos conteúdos, mas, para criar intimidade, não existe remédio ou assessoria que substitua tempo e liberdade dentro das famílias. Se você, assim como eu, é de uma geração em que não existiam esses tipos de conversas com os pais, entenda: nós podemos fazer diferente. Essa intimidade exige tempo, diálogo e, muitas vezes, uma mudança em nossa maneira de pensar.

Arrisco dizer que, muitos de nós, adultos, temos a mentalidade poluída e contaminada pela visão distorcida de sexo presente no mundo ao nosso redor. Por isso, não sabemos como abordar o tema com os filhos, que palavras usar ou como contextualizá-lo. Nossa primeira

---

1 JENSON, Kristen A. **Good Pictures, Bad Pictures**. Porn-Proofing Today's Young Kids. [S.l.]: Defend Young Minds, 2018.

2 Neste curso, você encontrará aulas em áudio sobre sexualidade, como falar sobre sexo com os filhos e como abordar assuntos delicados.

reação costuma ser vergonha, risada ou constrangimento. Porém, esquecemos que nossas crianças são como quadros em branco. Elas não sabem nada do que sabemos e ainda não carregam o peso desse assunto. Quando entendi isso, enxerguei uma grande oportunidade de preencher essa lacuna de forma pura e bíblica. É muito mais fácil construir uma parede reta do que tentar consertar uma torta.

Se você tem a preocupação de abordar esse tema sem despertar curiosidade para áreas que eles ainda não estão prontos, fique tranquila: eu também pensava dessa forma. No entanto, quando falei a respeito disso com meus filhos, um deles ainda não tinha noção sobre sexualidade, e conseguimos explicar o assunto e proteger sua mente sem entrar em detalhes desnecessários.

O mesmo fizemos sobre a proteção contra abuso sexual. Desde cedo, essa pauta foi presente em casa, com explicações simples e claras: limitamos certos contatos, ensinamos que algumas partes do corpo não podem ser tocadas nem vistas por ninguém além de quem você escolher, e sempre deixamos claro que acreditaríamos neles, independentemente da situação. Também explicamos que segredos não devem ser guardados a pedido de ninguém, nem de pessoas próximas, como avós, tios ou primos. Por mais difícil que seja aceitar este fato, a maioria dos abusos acontece dentro do nosso círculo de convivência e com pessoas acima de qualquer suspeita. Por isso, sempre falamos abertamente sobre o assunto, até em frente aos familiares, para deixar claro que estamos atentos.

> Se você, assim como eu, é de uma geração em que não existiam esses tipos de conversas com os pais, entenda: nós podemos fazer diferente.

Uma vez, um casal de amigos queridos, que ama crianças, mas que ainda não tinha filhos, passou a tarde com os meninos. Eles os buscaram em casa e, na porta, em frente aos dois, relembrei as regras aos meus filhos: ninguém poderia tocar neles, dar banho ou pedir ajuda — adultos não precisam da ajuda de crianças, sempre ensine isso; essa é mais uma das iscas que eles usam para atraí-las. Como nossos amigos são pessoas sensatas e com boa moral, obviamente não se incomodaram. Pelo contrário, já começaram a aprender o que fazer com os próprios filhos no futuro.

Sei que muitos não fariam isso diante dos amigos, com receio de magoá-los, mas você já pensou se faz sentido? Temos mais preocupação em não incomodar os outros do que em proteger nossos filhos de um risco tão grave? Por isso, coloque-se no papel de guardião e não se importe tanto com o que pensarão sobre você quando o assunto for proteção contra abuso sexual. É melhor pender para o excesso do que para a negligência.

Quanto ao tema “dormir fora de casa”, por aqui, foi uma regra que decidimos reforçar: isso seria proibido até determinada idade. Quando eram menores, nosso mais velho chegou a dormir fora algumas vezes, antes de termos noção dos riscos. No entanto, relatos de abusos que aconteceram nesses contextos — por parte de pais de amigos, tios ou até avós — abriram nossos olhos, e decidimos restringir. Não se trata de paranoia, mas de precaução.

Se a sua decisão for diferente, tudo bem. O importante é garantir que seus filhos saibam identificar sinais estranhos e, acima de tudo, sintam liberdade para contar qualquer coisa, mesmo que envolva pessoas de confiança. Não subestime o poder do medo que as crianças sentem de não serem ouvidas, de não acreditarem nelas ou de estragarem uma relação importante.

Lembre-se: proteger as crianças, criar pontes e vencer nossa própria timidez ao abordar esses temas é parte essencial de preparar nossos filhos para o mundo. Não ignore as dúvidas que surgirem, mas ofereça respostas adequadas à idade. Crianças pequenas pedem respostas pequenas; crianças maiores, respostas maiores. Esteja sempre à frente e se prepare para os próximos passos, comuns a todos que estão crescendo.

BÍBLIA

Capítulo 25

UMA CONVERSA SOBRE O VALOR DO ORDINÁRIO

Hoje passei oito horas sentada na arquibancada de uma quadra de tênis. Graças ao clima ameno de outubro, não fiquei desidratada. Comentei com André os recordes de espectadora que tenho batido e ele questionou se eu realmente precisava estar lá. Nem titubeei para responder, porque essa é uma parte que nós, mães, sabemos bem. Não só por sermos as que costumam ter essa função, como pela sensibilidade e pelos olhos e ouvidos de águia que Deus nos deu.

É nessas horas de quadra, parquinho, cadeira, assistindo a futebol, natação, vôlei, pega-pega na rua, que analisamos como está se saindo a criação dos nossos filhos. Nada expõe mais as fraquezas da educação das crianças do que locais públicos, e essas oportunidades são como barro nas mãos do oleiro.

Somente no dia de hoje, pude perceber pelo menos cinco situações que precisavam ser abordadas. Desde a maneira como um irmão falou com o outro, a falta de olhar nos olhos quando alguém dirigiu a palavra, a resposta seca ao amigo e a linha tênue entre excesso de confiança e arrogância. Se eu não estivesse lá, quem observaria esses detalhes? Quer dizer que não deixo passar nada? Deixo, sim. Eu me distraio com o celular, um livro ou papeando. Mas tudo que for muito gritante ficará retido na peneira da mãe que está na área.

Ao chegar em casa, tive uma conversa particular com o filho que precisava de mais atenção. Não deixei de apontar para a Bíblia e para a batalha que todos nós travamos com nossa carne, que insiste em fazer suas vontades. Nunca me esqueci do sábio aprendizado que adquiri ao longo da minha trajetória cristã: sempre mostrar, quando necessário, quais são as minhas lutas, como todos nós em casa temos áreas de constantes "levanta e cai", e que precisamos de um Salvador.

A inveja na criança se manifesta de forma diferente da maneira como ocorre no adulto. Ela ainda não sabe usar as máscaras sociais certas que disfarçam pecados ocultos, mas o sentimento está lá e precisa ser tratado. A autoconfiança, que faz uma divisa muito fina com a soberba, precisa ser bem administrada na vida da menina que se destaca na ginástica diante de toda turma. Nós só percebemos esses pequenos ruídos porque estamos presentes em atividades cotidianas, que supostamente não precisam da participação dos pais.

> Nada expõe mais as fraquezas da educação das crianças do que locais públicos

Além disso, podemos ser os olhos que o filho busca quando sai o gol, quando o golpe entra ou quando o saque vira um ace. Somos a plateia das conquistas, da superação, e nos comunicamos através do sorriso contido e sobrancelha arqueada que passam sinais só reconhecidos pelos de casa. Por mais banal e simples que a rotina de mãe espectadora pareça, ela é rica em amor, conexão e intimidade. Considero um privilégio derreter ou congelar no banco enquanto acompanho meus filhos crescerem. Sinto-me abençoada e transbordante de alegria com uma rotina ordinária e próxima aos meus meninos.

Já comentei nestas páginas que minha avó sofreu um acidente e por isso teve sua vida completamente transformada, o que impactou as gerações que vieram depois dela. Ela passou por tantos tratamentos, alguns por decorrência do acidente, e outros por puro azar da vida — doença de Chagas que adquiriu em transfusão, tumor que a deixou surda de um dos ouvidos e uma infecção grave no pé que a levou a fazer um enxerto. Isso mudou a nossa forma de enxergar os dias comuns: passamos a valorizar a vida longe de remédios e hospitais, aprendemos a abraçar os dramas do boleto que foi cobrado duplicado, ou da nota baixa na prova, como "não tão graves assim" e incapazes de acabar com nossa alegria.

Naturalmente, pendo para o lado negativo que sofre muito com qualquer coisa, e sou descrita pelo meu marido como alguém que sempre precisa de um probleminha de estimação, senão a vida não está completa. É um esforço enorme de fé e confiança em Deus entregar minhas ansiedades quando pequenas coisas parecem sair fora do eixo. Dias atrás, fiz uma consulta médica de rotina e, ao andar pelos corredores do hospital, recebi um "empurrão divino": precisava ser mais grata e menos sofrida com problemas comuns de uma vida normal.

A rotina que muitos julgam ser "sem sal nem açúcar" é, na verdade, um deleite e presente para nós, um sinal de saúde e vida. A trajetória da minha avó, sempre acompanhada de remédios, tratamentos e dores, passa longe de ser a minha e de muitas de nós. Colocar os filhos na cama, pendurar toalha caída, brigar com o menino que não consegue se lembrar de avisar quando chega, ou poder carregar a criança pelas escadas mesmo com as costas exaustas, é o desejo de

Não temos nada a fazer, a não ser confiar naquele que nos disse para não andarmos ansiosos, ainda que tragédias batam à nossa porta.

muitas mães e mulheres como a minha avó, que, por qualquer infortúnio, tiveram sua saúde afetada.

Ontem, orava com os meninos para que Deus nos guardasse diante de tantas histórias de doenças que ouvimos. Não sei se é a idade, a época que vivemos, ou a rede social, que nos possibilita saber do que antes permanecia distante, mas tenho me sentido ansiosa, como nunca aconteceu na vida, diante da quantidade de sombras e tragédias. Apesar de muito acelerada e agitada dentro de uma normalidade, nunca senti que isso me prejudicasse. No entanto, pela primeira vez, o meu corpo começou a apresentar sinais de que estou sendo afetada, como maxilar travado, bruxismo, coração acelerado e um certo medo. Nada que me preocupe, mas um sinal vermelho acendeu diante desses sintomas.

Mesmo não tendo controle sobre praticamente nada — na verdade, tendo uma falsa sensação de controle em todo restante da vida —, parece-me que, quando problemas de saúde surgem, são os que mais nos desestabilizam. Diante disso, não temos nada a fazer, a não ser confiar naquele que nos disse para não andarmos ansiosos (cf. Mateus 6.25-34), ainda que tragédias batam à nossa porta.

Não estamos ilesos, pois tornar-se cristão não é adquirir um *voucher* de vida perfeita. Entretanto, é a garantia de uma eternidade sem dor nem sofrimento. Parece injusto, mas considero a melhor oferta diante das propostas de outras religiões e crenças. Saber que não cremos em um conto de fadas, mas que a Bíblia e o cristianismo se apoiam em uma base sólida e profunda, é um bálsamo para tempos de ansiedade. Deixo aqui meu beijo para todas as minhas alunas e mães apologetas, que sabem do que estou falando.

Capítulo 26

UMA ÚLTIMA CONVERSA

Não posso terminar estas páginas sem enfatizar que todas as ideias, táticas e conhecimentos compartilhados aqui são apenas pó comparados ao amor e à graça de Cristo. Nada do que me tornei ao longo desses anos é resultado da minha personalidade. Não se engane: os frutos são todos méritos de ter sido alcançada, aos 17 anos, por aquele a quem minha alma clamava durante toda a minha vida, mas que eu não tinha a menor ideia de como encontrar.

Não consigo conceber o que é formar uma família, criar filhos, passar por doenças, dores, medos, inseguranças e enfrentar o caos do mundo sem ter o colo do Pai. Meus olhos se enchem de lágrimas todas as vezes em que relembro meu testemunho ou tento imaginar onde estaria se não fosse o Senhor.

Apesar de eu não ter o perfil típico de uma "crente" e de não usar os famosos jargões do "crentês", a Bíblia e o Evangelho são centrais em nossa casa e na minha vida. Meu maior desejo ao escrever estas palavras, acima de incentivá-la a aproveitar mais a maternidade, prosperar no casamento ou influenciar pessoas, é que cada uma de vocês conheça e se relacione com o Deus verdadeiro.

Se você sente resistência ao ler isso, eu entendo. Já estive na sua posição, com todos os preconceitos — que, infelizmente, muitas vezes têm razão de existir —, pensando que não precisava de religião, igreja, ou que poderia seguir batendo a cabeça e dizendo a mim mesma: "Mas eu sou melhor que tanta gente por aí!". A verdade é que ninguém é, e a Bíblia é clara sobre isso (cf. Romanos 3.10). A analogia que uso com meus meninos é a de um copo de água pura contaminado com veneno. Independentemente da quantidade — seja uma gota ou metade do recipiente —, ainda assim afeta a água. Algumas pessoas têm mais veneno em seus copos do que outras, mas isso jamais pode ser usado como justificativa para nossa autossuficiência.

Todos temos o mal e o pecado dentro de nós. O meu está bem aqui, lutando para se rebelar; e eu estou bem aqui, sujeitando-me a Cristo, patinando, tombando e me levantando — tudo por meio da graça de Deus. Não sei onde estaria se não fosse seu amor; não sei quem seria sem a identidade que ele me deu; não consigo imaginar outra vida fora dos caminhos do Evangelho. Ofereço minha eterna gratidão àquele que alcançou uma menina perdida e assustada, desesperada pelo verdadeiro amor.

Que estas palavras encontrem o seu coração, e que o vazio em seu interior, que não pode ser preenchido por curtidas, compras ou comida, esteja aberto para receber a mensagem da Cruz. Nada pode ser mais transformador do que conhecer o Deus verdadeiro e experimentar o amor que ele tem por você.

Esta obra foi composta em *Literata*
e impressa por Gráfica Reproset sobre papel
Offset 75 g/m² para Editora Vida.